Augsburg auf einen Blick

0   500 m
© REISE KNOW-HOW 2013

Domviertel S. 79
⓭ Der Hohe Dom zu Augsburg

Altstadt S. 86

Rathaus ❶
❸
Maximilian-museum
Schaezler-palais ❺

Zentrum S. 64

㉗ Fuggerei

Textilviertel S. 94
㉙ tim – Staatliches Textil-und Industriemuseum

㉕ Augsburger Puppenkiste
㉖ Am Roten Tor

W0051731

Inhalt

Exkurse zwischendurch

Margit Brinke, Peter Kränzle

CITY|TRIP
AUGSBURG

Nicht verpassen! Karte S. 3

1 Rathaus [D4]
Das Rathaus gilt als der bedeutendste Profanbau der Renaissance nördlich der Alpen und ist Ausdruck des Selbstbewusstseins der Bürger der einstigen Freien Reichsstadt. Highlight ist der wiederhergestellte Goldene Saal (s. S. 64).

3 Maximilianmuseum [D4]
Ende 2006 wurde das Maximilianmuseum neu eröffnet. Es gibt einen Überblick über Augsburgs einst führende Rolle in Kunst und Kunsthandwerk (s. S. 68).

5 Schaezlerpalais [D5]
Das Schaezlerpalais ist das bedeutendste Stadtpalais aus dem 18. Jh. und beherbergt mit der Deutschen Barockgalerie die wohl wichtigste und umfangreichste Gemäldesammlung zu dieser Stilepoche in Europa (s. S. 72).

13 Der Hohe Dom zu Augsburg [D3]
Der im 9. Jh. entstandene Dom bildet das kirchliche Pendant zum Rathaus. Teil der Anlage sind der Fronhof, die ehemalige Fürstbischöfliche Residenz und das Diözesanmuseum St. Afra (s. S. 79).

25 Augsburger Puppenkiste [E6]
Die 1848 ins Leben gerufene Puppenkiste und ihre Helden sind zum Symbol der Stadt geworden. Zum Marionettentheater im historischen Heilig-Geist-Spital gehört ein Museum (s. S. 88).

26 Am Roten Tor [E7]
Das Rote Tor ist Teil der originalen Stadtbefestigung. In der Nähe befinden sich die Freilichtbühne und drei historische Wassertürme. Der Rote Torwall ist ein beliebter Erholungspark (s. S. 90).

27 Fuggerei [E4]
Die Fuggerei gilt als älteste Sozialsiedlung der Welt. Heute ist sie zugleich ein viel besuchtes „Open-Air-Museum" mit Ausstellungen und Shop (s. S. 92).

29 tim – Staatliches Textil- und Industriemuseum [G5]
Das tim erinnert an die Bedeutung der Textilindustrie in Augsburg. Eingerichtet in der ehemaligen Kammgarnspinnerei gehört es zu den innovativsten Museumsprojekten Bayerns (s. S. 95).

44 Western-City Dasing und Süddeutsche Karl-May-Festspiele
Der „Wilde Westen" beginnt nur ein paar Kilometer östlich von Augsburg. Im Sommer werden auf der Freilichtbühne Winnetou und Old Shatterhand zum Leben erweckt (s. S. 108).

Leichte Orientierung mit dem cleveren Nummernsystem
Die Sehenswürdigkeiten der Stadt sind zum schnellen Auffinden mit **fortlaufenden Nummern** versehen. Diese verweisen auf die ausführliche Beschreibung **im Kapitel „Augsburg entdecken"** und zeigen auch die genaue Lage **im Stadtplan.**

Benutzungshinweise

Orientierungssystem

Eine **Liste der im Buch beschriebenen Örtlichkeiten** wie Sehenswürdigkeiten, Restaurants, Hotels, Cafés, Infostellen befindet sich auf Seite 139.

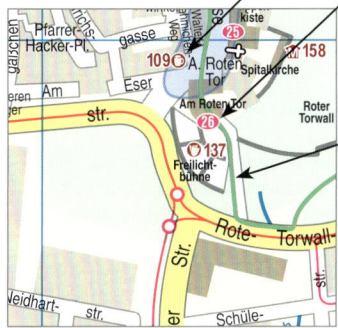

Bewertung der Sehenswürdigkeiten

★ ★ ★   auf keinen Fall verpassen
★ ★   besonders sehenswert
★   wichtige Sehenswürdigkeit für speziell interessierte Besucher

Zur schnelleren Orientierung tragen alle Hauptsehenswürdigkeiten und Lokalitäten sowohl im Text als auch im Kartenmaterial die gleiche Nummer:

109 Mit Symbol und fortlaufender Nummer werden die sonstigen Lokalitäten wie Cafés, Geschäfte, Hotels, Infostellen usw. gekennzeichnet.

26 Mit einer fortlaufenden magentafarbenen Nummer sind die Hauptsehenswürdigkeiten gekennzeichnet. Steht die Nummer im Fließtext, verweist sie auf die Beschreibung dieser Sehenswürdigkeit im Kapitel „Augsburg entdecken".

› Die farbige Linie markiert den Verlauf des Stadtspaziergangs (s. S. 8).

[E7] In eckigen Klammern steht das Planquadrat im Kartenmaterial, in diesem Beispiel Planquadrat E7.

Ortsmarken ohne Angabe des Planquadrats liegen außerhalb unserer Karten. Sie können aber wie alle Örtlichkeiten in unseren speziellen Luftbildkarten auf der Produktseite dieses Buches unter www.reise-know-how.de oder direkt unter http://ct-augsburg.reise-know-how.de lokalisiert werden.

Vorwahl

Die Telefonvorwahl von Augsburg ist die 0821.

Impressum

Margit Brinke, Peter Kränzle

CityTrip Augsburg

erschienen im
REISE KNOW-HOW Verlag Peter Rump GmbH,
Osnabrücker Str. 79, 33649 Bielefeld

© REISE KNOW-HOW Verlag
Peter Rump GmbH
1. Auflage 2013
Alle Rechte vorbehalten.

ISBN 978-3-8317-2267-9
PRINTED IN GERMANY

Herausgeber: Klaus Werner
Lektorat: amundo media GmbH
Layout: Klaus Werner (Umschlag),
amundo media GmbH (Inhalt)
Karten: Ingenieurbüro B. Spachmüller,
amundo media GmbH
Druck und Bindung: Media-Print, Paderborn
Fotos: Margit Brinke (mb, die Autorin)
Anzeigenvertrieb: KV Kommunalverlag
GmbH & Co. KG, Alte Landstraße 23,
85521 Ottobrunn, Tel. 089 928096-0,
info@kommunal-verlag.de

Dieses Buch ist erhältlich in jeder Buchhandlung Deutschlands, der Schweiz, Österreichs, Belgiens und der Niederlande. Bitte informieren Sie Ihren Buchhändler über folgende Bezugsadressen:
 Deutschland: Prolit GmbH, Postfach 9, D-35461 Fernwald (Annerod) sowie alle Barsortimente
 Schweiz: AVA Verlagsauslieferung AG, Postfach 27, CH-8910 Affoltern
 Österreich: Mohr Morawa Buchvertrieb GmbH, Sulzengasse 2, A-1230 Wien
 Niederlande, Belgien: Willems Adventure, www.willemsadventure.nl
Wer im Buchhandel kein Glück hat, bekommt unsere Bücher auch über unseren Büchershop im Internet:
www.reise-know-how.de

Latest News

Unter **www.reise-know-how.de** werden aktuelle Ergänzungen und Änderungen der Autoren und Leser zum vorliegenden Buch bereitgestellt. Sie sind auf der Produktseite dieses CityTrip-Titels abrufbar.

www.reise-know-how.de
› Ergänzungen nach Redaktionsschluss
› kostenlose Zusatzinfos und Downloads
› das komplette Verlagsprogramm
› aktuelle Erscheinungstermine
› Newsletter abonnieren
Verlagsshop mit Sonderangeboten

Auf ins Vergnügen

001ab Abb.: mb

Bert Brecht hat den Namen seiner Heimatstadt Augsburg in aller Welt bekannt gemacht – auch weil er als „Augschburger" niemals den speziellen Stadtdialekt ablegen konnte. Doch Augsburg ist mehr als „BB": römische Provinzhauptstadt, Handels- und Bankenzentrum zu Zeiten der Fugger und Welser, wichtiges Kunstzentrum zwischen Renaissance und Barock, bedeutender Industriestandort (Textil, MAN) und nicht zuletzt Friedensstadt.

Augsburg an einem Tag

Ein Tag ist für den Besuch einer historisch und kunstgeschichtlich bedeutenden Stadt wie Augsburg eindeutig zu wenig. Wer nicht mehr Zeit hat, kann aufgrund der Überschaubarkeit der Innenstadt aber auf einem Stadtspaziergang immerhin erste bleibende Erinnerungen mitnehmen.

Der in jeder Hinsicht „überragende" Bau der Stadt ist seit dem frühen 17. Jh. das **Rathaus** ❶, ein im Stadtzentrum gelegener idealer Ausgangspunkt für einen Rundgang. Daneben befindet sich der **Perlachturm** ❷. Auf dem Rathausplatz steht der erste von drei **Prachtbrunnen** (s. S. 67), der **Augustusbrunnen**. Folgt man von hier der „Prachtmeile" **Maximilianstraße** ❹ – kurz „Maxstraße" –, stößt man auf die beiden anderen: den

Routenverlauf im Stadtplan
Der hier beschriebene Spaziergang ist mit einer farbigen Linie im Stadtplan eingezeichnet.

◁ *Vorseite: Auf dem zentralen Rathausplatz finden v. a. im Sommer zahlreiche Veranstaltungen statt*

Merkur- und den **Herkulesbrunnen**. Hier lohnt auch ein Stopp am **Schaezlerpalais** ❺. Wer sich nicht für die barocke Gemäldesammlung interessiert, sollte zumindest den Garten zu einer kleinen Verschnaufpause nutzen. Am südlichen Ende der Maxstraße dominiert die **Basilika St. Ulrich und Afra** ❻, davor steht die kleinere evangelische **St.-Ulrich-Kirche**. Beide sind zu Stein gewordene Beispiele für den Augsburger Religionsfrieden.

Von St. Ulrich ist es ein Katzensprung den Milchberg hinunter bis zur Spitalgasse, wo die legendäre **Augsburger Puppenkiste** ㉕ zu Hause ist. In unmittelbarer Nachbarschaft steht das **Rote Tor** ㉖, daneben befindet sich die **Freilichtbühne** (s. S. 34) und hier erstrecken sich auch die Wallanlagen. Folgt man diesem Grünstreifen nach Norden (stadteinwärts), erreicht man bald das **Vogeltor** [E5], den Zugang zur Unter- und **Jakobervorstadt** (s. S. 93). In deren Zentrum (erreichbar über Oberen Graben und Jakoberstr.) liegt die berühmte **Fuggerei** ㉗. Nach deren Besichtigung geht es auf Jakober- bzw. Barfüßerstraße wieder Richtung Stadtzentrum. Ehe man vorbei an der **Stadtmetzg** ㉑ den Perlachberg in die Oberstadt hinaufsteigt, lohnt ein kurzer Abstecher zum **Brechthaus** ㉒.

Wendet man sich oben am Perlachberg nach rechts, fällt der **Dom** ⑬ ins Auge (erReichbar via Karolinenstr. und Hoher Weg). Westlich an die Kirche schließt sich der **Fronhof** ⑭ an, von dem die Johannisgasse zum Obst- und zum Kesselmarkt führt. An der Kreuzung mit der Karlstraße beginnt die **Annastraße**, eine **Fußgängerzone**. Highlights hier sind der **Stadtmarkt** ⑩, die **St.-Anna-Kirche** ⑨ und das **Maximilianmuseum** ❸. Den südlichen Endpunkt bildet der „**Kö**"  (Königsplatz), Treff und Nahverkehrsknotenpunkt der Stadt. Über die abzweigende Bürgermeister-Fischer-Straße, ebenfalls eine Fußgängerzone, erreicht man das **Zeughaus** ❼ und den **Moritzplatz**, der nur einen Steinwurf vom Ausgangspunkt des Spaziergangs, dem Rathaus, entfernt ist.

Augsburg an einem Wochenende

1. Tag: Unterwegs in der Innenstadt

Perfekt ist es, wenn man mehr als einen Tag Zeit für Augsburg hat, denn dann bleibt Zeit für Museumsbesuche und man kann jenseits des Zentrums auf Entdeckungstour gehen oder sogar einen Ausflug ins Grüne einplanen.

Vormittags und mittags

Vom **Rathaus** ❶ geht es zunächst ins **Maximilianmuseum** ❸, das Einblick in die Geschichte und kunstgeschichtliche Bedeutung der Stadt gibt, und dann auf der Maxstraße zur **Basilika St. Ulrich und Afra** ❻, inklusive eines Abstechers ins **Schaezlerpalais** ❺. Zur Mittagspause bietet sich beispielsweise **Maximilian's** (s. S. 24) an, wo es werktags einen preiswerten Business Lunch gibt und man bei schönem Wetter im Freien sitzen kann.

Nachmittags und abends

Auf dem Nachmittagsprogramm steht dann die Fußgängerzone um die zentrale **Annastraße** [C5–D4] mit zahlreichen Läden. Nach einem Zwischenstopp an der **St.-Anna-Kir-**

che ❾ mit „Lutherstiege" und sehenswerter Ausstellung geht es über den **Stadtmarkt** ❿ zum **Dom** ⓭.

Für das Abendessen wäre hier im Domviertel z. B. das **Restaurant Augsburger Hof** (s. S. 23) geeignet, lokale Spezialitäten gibt es im **Bauerntanz** (s. S. 25), gemütlich sitzt man im **Riegele WirtsHaus** (s. S. 26) oder beim **König von Flandern** (s. S. 26). Wer sich anschließend ins Nachtleben stürzen möchte, wird in der und um die „**Maxstraße**" ❹ fündig.

2. Tag: Erkunden der Vorstädte

Vormittags und mittags

Der zweite Besuchstag beginnt in der **Altstadt**, unterhalb des Rathauses ❶. Hier gilt es, dem berühmtes-

⌃ Blick vom Dom in Richtung Perlachturm ❷ und Rathaus ❶

Augsburg an einem Wochenende

ten Sohn der Stadt im **Brechthaus** ㉒ die Reverenz zu erweisen. Anschließend steht ein Besuch in der **Fuggerei** ㉗, der „ältesten Sozialsiedlung der Welt", auf dem Programm. Hier in der **Jakobervorstadt** (s. S. 93) stößt man zugleich auf weitere Überreste der alten **Stadtbefestigung**.

In der Altstadt, der Jakobervorstadt oder im angrenzenden Textilviertel finden sich zahlreiche Lokale und Cafés für die Mittagspause, z. B. die **Fuggereistuben** (s. S. 26), das **Café Euringer** (s. S. 29) oder das **nunó** (s. S. 24) im **tim** ㉙, dem nächsten Stopp.

Das gibt es nur in Augsburg

❯ Nein, nicht „Zwetschgenkuchen", in Augsburg isst man **Zwetschgendatschi**. Die Stadt rühmt sich, den Datschi erfunden zu haben, weshalb man Augsburg auch „**Datschiburg**" und die Bewohner „Datschiburger" nennt. Es handelt sich um einen Blechkuchen (bevorzugt Hefeteig), der dicht mit Zwetschgen (möglichst spät gereifte, die wenig Saft ziehen) belegt, mit Zimtzucker bestreut und frisch mit Sahne serviert wird ...

❯ Seit dem 8. August 1650 feiert Augsburg das **Hohe Friedensfest,** das einst in Dankbarkeit für den Friedensschluss nach dem Dreißigjährigen Krieg und die Gleichberechtigung der Religionen eingeführt wurde. An diesem einzigartigen Feiertag, der aber nur im Stadtgebiet einer ist, erinnert Augsburg mit zahlreichen Veranstaltungen an seine Rolle als Friedensstadt (s. S. 55).

❯ Der „**Stoinerne Ma**" (auch „Stoinerner Mo" genannt) in der Stadtmauer an der Schwedenstiege ist eine Augsburger Legende. Der Bäcker, dem zu Ehren das Denkmal nach dem Dreißigjährigen Krieg errichtet wurde, hatte während einer Belagerung aus Sägemehl Brote gebacken und über die Stadtmau-

er geworfen, um vorzugaukeln, dass man noch genügend Proviant habe – der Trick hat funktioniert! Derzeit sorgen drei Musiker als „**d'Stoinerne Männer**" mit Musikvideos für Aufsehen (s. S. 82).

❯ Die **Fuggerei** ㉗, 1514 bis 1525 im Auftrag von Jakob Fugger errichtet, gilt als die älteste Sozialsiedlung der Welt und erfüllt ihre Aufgabe als solche noch immer.

❯ Die **Augsburger Puppenkiste** ㉕ und ihre Helden – Löwe, Urmel, Jim Knopf, Lucas der Lokomotivführer, Bill Bo und seine Kumpane – begeistern bis heute weltweit Jung und Alt. Jim Knopf ist inzwischen oberster FC-Augsburg-Fan und wird als Marionette vom Teamkapitän zu Spielbeginn anstelle eines Wimpels übergeben, außerdem ertönt bei jedem FCA-Tor die Titelmelodie „Eine Insel mit zwei Bergen ... ". Auch für den AEV (s. S. 84) wirbt die „Kiste".

❯ Die **offene Bibliothek im Hofgarten** wurde 2001 als temporäres Kunstwerk von den amerikanischen Künstlern Michael Clegg und Martin Guttmann initiiert. Im Garten der ehemaligen bischöflichen Residenz ist auf Drängen der Bürger nach Ende der Installation 2003 wieder ein öffentlicher Bu-

Nachmittags und abends

Das tim **㉙**, das **Staatliche Textil- und Industriemuseum,** ist derzeit das wohl spannendste Museum in Augsburg. Es gibt nicht nur Einblick in die einst bedeutende Textilindustrie der Stadt, sondern befasst sich auch mit Stoffen und Mode und zeigt immer

cherschrank aufgestellt worden, aus dem Bücher entnommen oder hineingestellt werden können. Diese Idee hat inzwischen weltweit Nachahmer gefunden (s. S. 85).

❯ *In den ehemaligen Wallanlagen am Roten Tor* **㉖** *wurde unterhalb des Heilig-Geist-Spitals ein* ***Kräutergärtlein*** *mit Pflanzen aus aller Welt angelegt. In diesem malerisch gelegenen Augsburger Kleinod stehen die Kräuterbeete zur Selbstbedienung in kleinen Mengen zur Verfügung (s. S. 91).*

❯ *Mit mehr als 470 Blumen soll sich der „Blumenmaler" auf Wänden, Trafokästen und Türen verewigt haben. Im September 2012 wurde er vom Gericht wegen Eigentumsbeschädigung zu zehn Monaten Freiheitsstrafe auf Bewährung und 12.000 € Geldstrafe verurteilt, ist dadurch aber nur noch bekannter geworden.*

❯ *Grün ist die beherrschende Stadtfarbe: Ein Viertel des Stadtgebiets besteht aus Parks und Grünanlagen. Zählt man die vielen Wasserkanäle, Bäche und die beiden Flüsse Lech und Wertach noch dazu, die wegen ihrer Herkunft aus den Alpen smaragdgrün erscheinen, besteht kein Zweifel: Augsburg ist grün.*

wieder sehenswerte Wechselausstellungen. Am **Roten Tor ㉖** mit der Freilichtbühne (erreichbar per Tram) geht es wieder hinein in die **Altstadt** mit dem **Handwerkerweg.** Dort wartet ein weiterer Höhepunkt: die **Augsburger Puppenkiste ㉕.**

Für den zweiten Abend empfiehlt es sich, die ethnische Vielfalt der Stadt kulinarisch zu entdecken, beispielsweise in der **Kervansaray** (s. S. 27), im **Symposium** (s. S. 28) oder in der **Osteria Kuckuck** (s. S. 28). Kulinarisch gehoben sind das **Magnolia** (s. S. 24) oder das Restaurant **Haupt** (s. S. 23). Was das Abendprogramm angeht, lohnt ein Blick in den Veranstaltungskalender: Gibt es vielleicht eine Aufführung auf der **Freilichtbühne am Roten Tor** (s. S. 34), eine Veranstaltung in der **Kresslesmühle** (s. S. 35), finden der Plärrer oder ein anderes Stadtfest statt (s. S. 12)? Notfalls geht man aber einfach auf ein kühles Bier oder einen schicken Bier-Cocktail im **Riegele WirtsHaus** (s. S. 26).

3. Tag: Auf ins „Grüne"

Nach all dem Stadttrubel tut ein Ausflug ins Grüne gut. Dabei hat Augsburg selbst in der Innenstadt viel Grün zu bieten. Abgesehen vom zentrumsnahen **Wittelsbacher Park ㉝** zu Füßen des Hotelturms – dem einzigen Hochhaus der Stadt – bildet der **Siebentischwald ㉟** Augsburgs „grüne Oase". Im Süden der Stadt gelegen und leicht mit Bus und Tram erreichbar, bietet er nicht nur Spazier-, Lauf- und Radwege, sondern dank des **Kuhsees ㊳** auch eine Bademöglichkeit. Zudem befinden sich hier der **Eiskanal ㊴** – die erste künstliche Wildwasserkanuslalomstrecke der Welt –, der **Hochablass ㊳** – das historische Stauwehr am Lech –, der **Botanische Garten** ㊱ und der **Zoo** ㊲.

Auch in anderen Stadtteilen gibt es lohnende Ausflugsziele (am besten eine AVV-Tageskarte zulegen): den **Bahnpark** (s. S. 38), die **Jugendstilkirche Herz Jesu** ㉞ in **Pfersee**, das **Kurhaustheater in Göggingen** ㊵ oder das **Universitätsviertel** ㊶. Wer mehr Zeit hat, könnte in den **Naturpark Westliche Wälder** (s. S. 108) fahren und dort das **Kloster Oberschönenfeld** ㊸ besichtigen oder eine Reise in den „Wilden Westen" zur **Western-City** ㊹ in Dasing unternehmen, bevorzugt während der **Karl-May-Festspiele**.

003ab Abb.: mb

Zur richtigen Zeit am richtigen Ort

Mancher Besucher mag zwar gehört haben, die Schwaben seien häuslich, sparsam und zurückhaltend, doch während der Feste und Veranstaltungen, die das ganze Jahr über stattfinden, gerät sogar der „Augschburger" richtig aus dem Häuschen.

Wetterbedingt finden die meisten Freiluftveranstaltungen während der warmen Monate statt, sodass die Stadt zwischen April und Oktober ihrem Ruf, die nördlichste Metropole Italiens zu sein, mehr als gerecht wird. Allerdings stehen das ganze Jahr über interessante Veranstaltungen auf dem Programm, nachfolgend die wichtigsten.

EXTRATIPP

Termine
Tagesaktuelle Infos erhält man außer in der Tageszeitung Augsburger Allgemeine unter www.augsburg-tourismus.de („Erleben") bzw. www.neue-szene.de („Termine").

Frühjahr

❯ **Brechtfestival,** www.brechtfestival.de: Vor Bert Brechts Geburtstag (10. Februar) feiert die Stadt ihren berühmtesten Sohn mit unterschiedlichen Veranstaltungen. Das zehntägige, spartenübergreifende Programm lädt zur Auseinandersetzung mit Brecht auf verschiedenen Ebenen ein.

❯ **Augsburger Kabarett Tage,** http://kresslesmuehle.de: Nach Ende der Faschingszeit treten Größen des Kabaretts in der Kresslesmühle (s. S. 35), Augsburgs ältester „Bretterbühne", auf.

❯ **Filmtage Augsburg,** www.filmtage-augsburg.de. Viel los ist in der zweiten Märzhälfte, wenn die Tage des unabhängigen Films, Augsburger Kurzfilmwochenende und Augsburger Kinderfilmfest stattfinden.

❯ **Frühjahrs-Plärrer,** www.plaerrer-volksfest.de: Ab dem Ostersonntag findet zwei Wochen lang das große Volksfest auf dem Plärrergelande statt, mit großem Feuerwerk an beiden Freitagabenden.

› **Osterdult,** www.augsburger-dult.de: Gleichzeitig mit dem Frühjahrs-Plärrer wird in der Jakobervorstadt (s. S. 93) eine bunte Dult (Jahrmarkt) mit Verkaufsständen und Fressbuden auf etwa einem Kilometer Strecke veranstaltet.

› **Modular,** www.modularfestival.de: Jugendfestival im Wittelsbacher Park ㉝ an einem Wochenende Ende Mai/Anf. Juni.

Sommer

› **Riegele's Fribbemaxx Open Air Kino,** www.fribbemaxx.de: Im beliebten Freibad am Kaufbach (Lechkanal, s. S. 36), dem „Fribbe", gibt es von Anfang Juli bis Anfang September Freiluftkino, dazu Biergartenbetrieb.

› **Lechflimmern** (www.lechflimmern.de) nennt sich die zweite Freiluftkino-Serie der Stadt (Anf. Juli–Anf. September). Im Familienbad am Plärrer stehen dann zwei Leinwände und auch die beliebte Kurzfilmnacht findet Mitte Juli hier statt (s. S. 36).

› **Süddeutsche Karl-May-Festspiele Dasing,** www.karlmay-festspiele.de: Anfang Juli bis Ende September wird auf der Freilichtbühne in der Western-City Dasing ㊹ an Wochenenden (Sa. 16/20, So. 17 Uhr) ein Stück aus dem umfangreichen Werk von Karl May aufgeführt.

› **Internationaler Augsburger Jazzsommer,** www.augsburger-jazzsommer.de: Von etwa Mitte Juli bis Mitte August finden auf verschiedenen Bühnen, großteils im Botanischen Garten ㊱ und im Zeug-

haus ❼, zahlreiche Jazzkonzerte mit bekannten Musikern statt.

› **Literatur im Biergarten:** Literarisches Sommervergnügen im Biergarten Drei Königinnen Augsburg (s. S. 26). Jährliche Veranstaltung an Sommerabenden mit hochklassigem Kabarettprogramm, Lesungen u. a. Infos in der Buchhandlung am Obstmarkt (s. S. 21).

› **Jakober Kirchweih,** www.jakoberkirchweih.de: Ende Juli unterhält das älteste Volksfest Augsburgs in der Jakobervorstadt (s. S. 93) eine Woche lang mit Verkaufsständen, Karussells und Bierzelt.

› **Freilichtbühne am Roten Tor,** www.theater-augsburg.de: Mitte Juni bis Ende Juli zeigt das Theater Augsburg ein Stück (Operette/Oper/Musical) auf der schönsten Freilichtbühne Deutschlands (s. S. 34). Außerdem finden regelmäßig Openairkonzerte statt.

› **Historisches Bürgerfest,** www.historisches-buergerfest-augsburg.de sowie www.ig-historisches-augsburg.de: Im Juli/August dienen die Rote-Tor-Wallanlagen zu unregelmäßigen Terminen als Kulisse für ein einzigartiges historisches Fest mit Vorführungen und Buden (Eintritt). Nächster Termin: Sommer 2013.

› **La Strada,** www.augsburg-tourismus. de/veranstaltungshighlights.html. Ende Juli unterhalten an einem Wochenende Gaukler aus aller Welt auf dem Elias-Holl-Platz (hinter dem Rathaus) und im Handwerkerviertel (Holbein-Platz) die Augsburger. Eintritt frei, mit Gastronomie.

› **Hohes Friedensfest Augsburg,** www.augsburg.de/index.php?id=31516: Am 8. August feiert die Stadt seinen besonderen Feiertag, doch das Veranstaltungsprogramm beginnt schon Wochen vorher und schließt das **Festival der Kulturen** ein. Höhepunkte sind ein Jazzkonzert (frei) am Vorabend mit der lokalen Jazzgröße Wolfgang Lackerschmid und

◁ *Unterwegs in den Gassen der Altstadt mit St. Ulrich und Afra ❻ im Hintergrund*

Zur richtigen Zeit am richtigen Ort

Musikern aus aller Welt, der Festgottes-dienst am 8. August, die Friedenstafel (ein Bürgermahl auf dem Rathausplatz), das Kinderfriedensfest im Botanischen Garten und Zoo sowie das Festkonzert am Abend in der St.-Anna-Kirche. Zudem wird alle drei Jahre der Augsburger Frie-denspreis verliehen.

❭ **Historisches Fest am Wertachbrucker Thor,** www.historisches-wertachbru-cker-thor-fest.de: Anfang August gibt es am historischen Stadttor mittelalter-liches Lagerleben mit Schützen, Gauk-lern, Handwerkern, Händlern, Bierbrau-ern. Veranstalter ist der Stadtmauerver-ein und es treten zahlreiche historische Gruppen auf (Eintritt). Für Essen und Bier sorgt das benachbarte Thorbräu.

❭ **Americana,** www.americana.eu: Alle zwei Jahre verwandelt sich Augsburg Ende Aug./Anfang Sept. für fünf Tage in eine „Wildwest Town". Abgesehen von der Europameisterschaft im Westernreiten handelt es sich um die größte Messe für den Westernreitsport- und Freizeitmarkt. Es gibt Abendveranstaltungen und eine Westernstadt mit Saloon (Countrymu-sik). Nächster Termin: 28. Aug.–1. Sept. 2013.

Herbst

❭ **Herbst-Plärrer,** www.plaerrer-volksfest. de: Ende August/Anfang September gibt es ein „Remake" des Frühlings-Volksfests, diesmal eingeleitet von einem großen Umzug durch die Stadt am Eröffnungssamstag.

❭ **Roadrebel – Rock'n'Roll Festival,** www. roadrebel.de: Das Gaswerk Augsburg steht ein Wochenende im August ganz im Zeichen des Rock'n'Roll und der 1950er- und 1960er-Jahre. Größtes der-artiges Festival in Süddeutschland.

❭ **Mozart@Augsburg,** www.mozartaugs burg.com. Klassik-Musikfestival in der 1. Septemberhälfte. Zehn Konzerte mit großer Besetzung im Kleinen Goldenen Saal (s. S. 35) und in der evangeli-schen St.-Ulrich-Kirche ❻.

❭ **Tag des offenen Denkmals,** http://tag-des-offenen-denkmals.de/laender/by/kreisfrei/7232: Anfang September öff-nen an einem Sonntag „Denkmäler" ver-schiedenster Art, die sonst großteils der

☑ *Augsburg im Wildwestfieber – alle zwei Jahre bei der Americana*

005ab Abb.: mb

Öffentlichkeit verschlossen sind. Es gibt spezielle Touren und Aktionen. Ab und zu ist wegen begrenzter Teilnehmerzahl eine Anmeldung nötig.

› **Turamichele:** Wenn der Erzengel Michael am Michaelitag, dem 28. September, den Drachen tötet, finden sich besonders die Kleinen auf dem Rathausplatz ein, um das Spektakel am geschmück-

ten Spezialfenster des Perlachturms ❷ zu erleben.

› **Herbst- oder Michaelidult,** www.augsburger-dult.de: Wie bei der Osterdult bieten Händler ein kurioses Gemisch an Brauchbarem und Schnickschnack an. Um Michaeli (28.9.) beginnend bis Anfang Oktober in der Jakobervorstadt (s. S. 93).

Augsburger Christkindlesmarkt

Vor der imposanten Kulisse des Rathauses ❶ und des Perlachturms ❷ findet einer der schönsten und ältesten Weihnachtsmärkte Deutschlands statt. Im Zentrum des über 500 Jahre alten **Christkindlesmarktes** stehen ein riesiger Weihnachtsbaum und eine überdimensionale Engelspyramide, dazu eine Krippe neben dem im Winter eingehausten Augustusbrunnen. Seit über 30 Jahren gehört zu den Höhepunkten das **Engelespiel:** Auf einem der Rathausbalkone spielen und singen dann „Engel" weihnachtliche Weisen. Zudem wird am Verwaltungsgebäude (Rathausplatz) ein riesiger Adventskalender mit 24 Fenstern von Grafikstudenten der FH Augsburg gestaltet. Die Fenster werden jeweils um 16.45 Uhr geöffnet. Für Kinder gibt es ein Kinderkarussell vor dem Merkurbrunnen und es existiert ein „Himmlisches Postamt" (Poststempel aus dem Ort Christkindl in Österreich). Einen guten Blick über den Christkindlesmarkt genießt man vom Perlachturm oder von den Fenstern des Goldenen Saals.

Gleichzeitig findet die **Weihnachtsinsel** auf dem Zeughausplatz (www.weihnachtsinsel.de, an Adventswochenenden bzw. tgl. in der Vorweihnachtswoche) mit Kunsthandwerk, Bio-Imbiss und Veranstaltungen im kleinen Zelt statt. Kleinere Weihnachtsmärkte gibt es z. B. idyllisch im **Handwerkerhof** (s. S. 89) oder in der **Silberschmiede** (Pfladergasse 10). Zur Weih-

nachtszeit wird außerdem im Botanischen Garten ㊱ eine sehenswerte **orientalische Rundkrippe** aufgestellt, die sich gemäß der Weihnachtsgeschichte verändert.

› **Christkindlesmarkt,** Rathausplatz, www.augsburger-christkindlesmarkt.com, Montag vor dem 1. Advent bis Heiligabend, tgl. 10–20, Do.–Sa. bis 21 Uhr, Heilig Abend bis 14 Uhr, Engelesspiel jeweils Fr./Sa./So. 18 Uhr

006ab Abb.: mb

◹ *Der Christkindlesmarkt findet auf dem Rathausplatz statt*

Winter

> **Augsburger Kabarettherbst,** http://kresslesmuehle.de: Mitte September bis Dezember treten zum zweiten Mal im Jahr Kabarettkünstler bei einer Veranstaltungsreihe der Kresslesmühle (s. S. 35) auf.

> **Festival der 1000 Töne,** http://kresslesmuehle.de/akademie/index.php?id=106. Interkulturelle Veranstaltungsreihe von November bis Mitte Dezember an verschiedenen Orten.

> **Riegele Honky Tonk-Festival,** www.riegele-honky-tonk.de: Kneipen-festival an einem Samstag Mitte November. Livekonzerte von rund 20 Bands verschiedenster Musikrichtungen in Klubs und Bars im Stadtgebiet. Veranstalter ist die lokale Brauerei Riegele. Volles Programm inklusive freie Fahrt im Nahverkehr für derzeit 11 (Vorverkauf) bzw. 14 €.

> **Große Schwäbische Kunstausstellung,** www.kunst-aus-schwaben.de/ausstellungen/grosse_schwaebische/gsk.html: Ausstellung schwäbischer Künstler von Ende November bis Anf. Januar in der Toskanischen Säulenhalle im Zeughaus **7**.

Augsburg für Citybummler

Jahrzehntelang galt eine Kolumne in der Samstagsausgabe der Lokalzeitung als Pflichtlektüre: „Plimm geht durch die Stadt". In ihr erklärte Autor Benno Plabst Augsburg und seine Bewohner aus der Sicht des durch die Viertel der Stadt spazierenden Herrn Plimm. Nicht nur Attraktionen abhaken, sondern sich wie Herr Plimm durch die Viertel treiben lassen – nur so lernt man den Pulsschlag einer Stadt kennen.

Das gilt für die schwäbische Metropole ganz besonders, denn hier schlägt das Herz vielleicht etwas langsamer, bedächtiger. „Nur net hudle" („Bloß nicht hetzen"), ist eines der Lieblingsmottos des Herrn Plimm und damit des typischen Augsburgers. Ein Glück für Besucher ist, dass sich die Hauptattraktionen auf das überschaubare Areal zwischen Hauptbahnhof, Königsplatz, Annastraße, Dom, Rathausplatz und Maximilianstraße verteilen. Hier gilt es neben dem **Rathaus** **1** mit dem **Goldenen Saal** bedeutende Kirchen wie den **Dom** **13**, **St. Ulrich und Afra** **6** oder **St. Anna** **9** sowie interessante Museen wie das **Maximilianmuseum** **3** oder das **Schaezlerpalais** **5** zu besichtigen. Für „trivialere" Abwechslung sorgen im Zentrum der umtriebige **Stadtmarkt** **10** mit seinen Leckereien aus Nah und Fern und die Läden in der **Annastraße** [C5–D4] und anderen Fußgängerzonen.

Gerade die **Maximilianstraße** **4** mit Lokalen, Klubs, Cafés und Läden, aber vor allem mit den alten Pracht-

008ab Abb.: mb

bauten der Fugger und Welser, spiegelt noch heute den Glanz der einst wirtschaftlich so bedeutenden Stadt wider. Was für einen Kontrast bildet dagegen die nur wenige Schritte entfernt östlich gelegene **Altstadt**. Enge Gassen und steile Treppen führen hinunter in die Unterstadt, wo Augsburg noch authentisch ist. Hier findet man ausgefallene Läden, Cafés und Lokale und Attraktionen wie **Brechthaus** ㉒ oder **Puppenkiste** ㉕ .

Ehe man nun mit der **Jakobervorstadt** (s. S. 93) ein anderes urtypisch Augsburger Viertel erreicht, passiert man noch die **Fuggerei** ㉗, eine eigenwillige Mischung aus einem Freiluftmuseum und einer immer noch bewohnter Sozialsiedlung. Die Jakobervorstadt symbolisiert einerseits das „alte" Augsburg mit der historischen Jakoberkirche und dem **Jakoberwall**, andererseits das „moderne", multi-ethnische Augsburg, wo alteingesessene Geschäfte neben türkischen und anderen internationalen Läden und Lokalen liegen.

Ganz anders das **Domviertel**: Hier hat bis heute die (katholische) Kirche das Sagen, und das nicht nur optisch durch den Dom, denn ihr gehören die meisten Grundstücke und sie betreibt Schulen und Klöster. Historische Gassen wie die **Herrenhäuser** [C2] oder Stadtwallanlagen wie **Lueginsland** ⑰ finden sich in nächster Nähe, daneben bekannte Attraktionen wie das **Mozarthaus** ⑳. Im Domviertel ist mit dem **Grandhotel Cosmopolis** (s. S. 34) außerdem ein wegweisendes und preisgekröntes Kultur- und Sozialprojekt in der Entstehung.

Eine andere Seite des modernen Augsburg ist das ehemalige **Textilviertel**. Hinter der **City-Galerie** (Willy-Brandt-Platz [F5]), bei Einheimischen und Bewohnern des Umlands

007ab Abb.: mb

gleichermaßen beliebtes Einkaufszentrum, ist das alte Industrieviertel dabei, sich in ein Wohnareal zu wandeln. Obwohl viel historische Bausubstanz verloren gegangen ist und stattdessen architektonisch eher nichtssagende Wohnkomplexe entstanden sind, blieben einige sehenswerte Relikte erhalten: z. B. der **Glaspalast** (s. S. 95) mit seinen Museen, die alte **Kälberhalle** ㉚ (heute ein Lokal) auf dem ehemaligen Schlacht- und Viehhof und das **tim** ㉙, das bayerische Textil- und Industriemuseum, das in Teile der ehemaligen Augsburger Kammgarnspinnerei eingezogen ist.

◁ *Der Herkulesbrunnen ist einer der drei Prachtbrunnen (s. S. 67)*

△ *Romantische Gasse in der Altstadt, dem einstigen Handwerkerviertel*

Augsburg für Kauflustige

Haupteinkaufszone der Stadt ist die **Fußgängerzone** im Bereich Anna-straße, Martin-Luther-Platz, Philippine-Welser-Straße, Rathausplatz, Bürgermeister-Fischer-Straße/Moritzplatz und „Kö". Zentrale Achse ist die Annastraße [C5–D4], an ihr befindet sich auch der **Stadtmarkt** ❿. Das einzige größere Einkaufszentrum im Stadtgebiet ist die **City-Galerie**, die zudem günstige Parkplätze (s. S. 113) anbietet.

Während in der Fußgängerzone Ketten wie C&A, Thalia, Esprit oder H&M, diverse Telefonshops und Kaufhäuser wie Karstadt oder Kaufhof zu finden sind, hat die **Altstadt** in Sachen Individualität und Kreativität mehr zu bieten. Vor allem das Areal um Weiße Gasse, Judenberg, Vordere Gasse und Hunoldsgraben [D4] weist ausgefallene Shops auf; auch entlang der Dominikanergasse [D5] wird man fündig (z. B. Süßkind, Titus, Der kleine Bazar, Tonträger). Die **Bäckergasse** [E5/6] und die umliegenden Altstadtgassen lohnen ebenso wie **Frauentorstraße** [C2] und **Hoher Weg** [D3] (ab Dom), der Richtung Stadtzentrum in die **Karolinenstraße** übergeht, einen Besuch. Auch die **Jakoberstraße** eignet sich z. B. nach Besichtigung der Fuggerei für einen kurzen Einkaufsbummel.

Sofern die im Folgenden aufgelisteten Läden reguläre Öffnungszeiten (Mo.–Fr. 9/10–18/19 und Sa. 9/10–16 Uhr) haben, wurden diese nicht gesondert angegeben.

Mode, Boutiquen und Spezialshops

🛍4 [D4] **Anita Miller**, Pfladergasse 8, www.anitamiller.de, nur Di./Do./Fr. 12–17 Uhr. Eine Augsburger Designerin entwirft hier eine kleine Kollektion von Kleidern und Röcken sowie einige Accessoires, alles individuell, aber zu erschwinglichen Preisen.

🛍5 [D4] **behütet**, Pfladergasse 18. Hutcouture – kleiner Laden, in dem handgefertigte Hüte und Mützen angeboten werden.

🛍6 [D5] **Fräulein D.**, Dominikanergasse 4 (Antoniushof), www.fraeulein-d.de. Boutique mit Trendlabels wie Vive Maria, Zand Amsterdam u. a. Marken aus aller Welt. Trendige Kleidung für Damen, Accessoires und Textilien, Bademode sowie Taschen.

🛍7 [E5] **Gerberei Aigner**, Vorderer Lech 32, www.hirschleder-aigner.de. Alteingesessenes Familienunternehmen mit eigener Ledergerberei. Auf dem Dachboden hängen noch die Lederhäute (Hirsch) zum Trocknen. Sie werden auf traditionelle Weise mit Dorschlebertran gegerbt (Sämischgerbung). Im Angebot sind Trachtenmode, Jacken, Taschen, Gürtel und Accessoires.

Shop 'n' Stop

🛍1 [D4] **Bücher Pustet**, Karolinenstr. 12. Mitten in der „Welt der Literatur" in der Buchhandlung Pustet werden im 1. OG Kaffee- und Teespezialitäten, Confiserie- und Backwaren angeboten.

🛍2 [E5] **handverlesen – Buchhandlung & Café**, Mittlerer Lech 50. Ausgewählte Literatur und guter Kaffee. Nett zur Pause in der Altstadt.

🛍3 [D4] **Thalia**, Annastr. 21–23, Mo.–Sa. 9.30–20 Uhr. Im OG dieser zur Thalia-Kette gehörenden Buchhandlung in der Fußgängerzone bietet das Gondrom Café guten Kaffee.

🔴8 [D3] **Hutsalon am Dom**, Frauentorstr. 9. Ein altehrwürdiges Hutatelier mit individuellen Modellen, Mützen und Accessoires, das seit 1964 von Putzmachermeisterin Anneliese Hartung betrieben wird.

❯ **Manomama**, http://manomama.de, bis dato nur Internetshop. Von Sina Trinkwalder 2010 gegründete, ökosoziale Textilfabrik, die Kleidung und Accessoires ökologisch, möglichst aus regional vorhandenen Materialien produziert und Beschäftigte einsetzt, die auf dem regulären Arbeitsmarkt wenig Chancen haben.

🔴9 [A1] **Modehaus Jung**, Wertachstr. 1. Alteingesessenes Modehaus (seit 1902), das inzwischen tatsächlich „jung" geworden ist.

🔴10 [E5] **Rein. Design & Respekt**, Hunoldsgraben 43, www.rein-design. de, Mo.–Fr. 9–12.30 und 14–18, Sa. 10–14 Uhr. Laden einer kreativen Schneiderin und Kostümbildnerin. Maßanfertigungen und Änderungen, dazu selbst entworfene Stücke, teils aus recyceltem Material.

🔴11 [D4] **Rübsamen Fashion Galerie**, Karolinenstr. 10, außerdem Filiale in der City-Galerie (Willy-Brandt-Platz) und im Tom Tailor Store (Bürgermeister-Fischer-Str. 2). Mode aller bekannten Marken und Wohn-Accessoires. Im UG großer Weihnachtsartikelmarkt.

🔴12 [D4] **Wellensteyn**, Maximilianstr. 13. Das Hamburger Qualitätslabel bietet Jacken für Frauen, Männer und Kinder sowie Accessoires wie Schals, Mützen, T-Shirts, Gürtel, Sonnenbrillen und Uhren.

Shoppingareale
Die wichtigsten Shoppingbereiche der Stadt sind im Kartenmaterial mit einer rötlichen Fläche markiert.

Trendshops, Sport und Freizeit

🔴13 [D4] **Bergsporthütte Augsburg**, Pfladergasse 1, www.bergsporthuette. de. Ein alteingesessenes Bergsportfachgeschäft, das wirklich alles führt, was der Wanderer, Climber und Bergsteiger braucht.

🔴14 [D4] **Borderline**, Perlachberg 3, Mo.– Sa. 13–19 Uhr. Schräger Laden v. a. für junge Leute: Accessoires, Mode, Piercing, Schmuck, Schuhe, Rauchzubehör/Tabak u. a.

🔴15 [E4] **McTramp**, Jakobsplatz 1, www.mctramp-outdoor-shop.de. Alles für Tramper, Freizeitsportler, Wanderer u. a. Outdoorfreaks – der älteste Outdoorladen der Stadt.

🔴16 [D3] **Mullu's Boards . Clothing**, Karlstr. 2, http://mullus.de, Mo.–Mi. 11–18.30, Do./Fr. 11–19, Sa. 10–17 Uhr. Boards aller Art und Livestyle-Artikel. Der Besitzer ist zugleich Betreiber des Sonnendecks auf dem Dach des Parkhauses Ludwigstraße (s. S. 31).

🔴17 [bg] **Regenhaut**, Haunstetter Str. 21, www.regenhaut-augsburg.de. Artikel aus PVC, Latex und Lack, v. a. schicke Regenbekleidung.

🔴18 [D5] **Titus**, Wintergasse 9, www.titus. de, Mo.–Fr. 11–19, Sa. 10–18 Uhr. Kleidung und Schuhe, Taschen, Accessoires, Boards und Zubehör. Mit Onlineshop für Skateboarding- und Streetwear-Artikel.

🔴19 [D4] **Vollstoff**, Steingasse 8, www. vollstoff.de, Mo.–Sa. 10–20 Uhr. Jeans und Tattoos, Kult-T-Shirts und andere Trendartikel.

Souvenirs und Künstlerisches

🔴20 [D5] **Der kleine Bazar**, Wintergasse 14, Mo.–Fr. 13–18, Sa. 10–16 Uhr. Wohn-Accessoires – modern, traditionell und handgefertigt – aus dem Orient und Nordafrika, z. B. Leuchten, Sitzkissen, Tabletts, Textilien und Kleinmö-

Augsburg für Kauflustige

bel sowie Hamamzubehör. Nachhaltige Herstellung unter sozialverträglichen Bedingungen.

🛍21 [D4] **Die Töpferei,** Weiße Gasse 5. Ulli Weißbeck formt in einem historischen Handwerkerhaus Tonwaren.

🛍22 [D4] **Die Wundertüte,** Barfüßerstr. 8. Netter kleiner Laden mit Lampen, Mode, Geschenken, Schnickschnack und Musik.

🛍23 [E5] **Edelweiss,** Bäckergasse 10. Lädchen mit ausgefallenen bayerischen Souvenirs und Geschenkartikeln wie Spieldosen.

🛍24 [E6] **Eigenhaendig,** Kirchgasse 26. Schmuck und Objekte von Yvonne Raab. „Funky" Ringe, Uhren, viel Ungewöhnliches. Allein die Schaufensterdekoration ist schon sehenswert.

🛍25 [D4] **Ideenreich,** Hunoldsgraben 26/ Judenberg, Mo.–Fr. 11–18 Uhr. Hier gibt es Wohnaccessoires, Dekorationsideen, Lifestyle- und Modeartikel wie ausgefallene Taschen, Textilien, Schmuck etc. sowohl für Erwachsene als auch für Kinder.

❯ **Shop im tim** ㉙. Schöne Mitbringsel, z. B. gewebte weiße Fugger-Barchent-Trockentücher, blau-weiße Frottierhandtücher oder blau karierte „Schlossertücher" mit „Made in Augsburg"-Schriftzug.

🛍26 [E6] **Stilblüte,** Bäckergasse 7, Di.–Fr. 10–13/14–18, Sa. 10–16 Uhr. Liebevoll dekorierte Accessoires, Nostalgisches und Floristik sowie ungewöhnliche Geschenke und ausgefallener Krimskrams.

🛍27 [D4] **Weltladen,** Weiße Gasse 3, www. werkstatt-solidarische-welt.de. Handwerk und Produkte aus aller Welt, eigene Kafferösterei, Lebensmittel und Schokoladen sowie Schmuck und Kunsthandwerk, CDs u. v. m.

Schmuck

🛍28 [D4] **Die Alte Silberschmiede,** Pfladergasse 10, www.silberschmiede.de. Denkmalgeschütztes Handwerkerhaus, in dem schon ab 1670 Gold bearbeitet wurde und wo heute exklusiver Schmuck verkauft wird. Seit 1977 in Familienbesitz. Romantischer Innenhof mit Edelsteinbrunnen von Goldschmiedemeister Max Bartel, zugleich Veranstaltungsort eines Weihnachtsmarktes.

🛍29 [C2] **Goldschmiede Bader,** Frauentorstr. 21. Unikate an handgefertigtem Schmuck, auch nach Kundenwunsch entworfen.

🛍30 [E5] **Herzblut & Keramik Café,** Mittlerer Lech 49, Di.–Sa. 10–18 Uhr. Töpferei und Meistergoldschmiede, in der Naturmaterialien wie Holz, Knochen oder Horn mit Edelmetallen und Edelsteinen kombiniert werden. Außerdem schöne Keramik.

▷ *Augsburgs lange Silberschmiedetradition zeigt sich an den vielen Schmuckläden*

009ab Abb.: mb

■31 [D5] **Patricia Ganzenmüller,** Vorderer Lech 16. Schmuck, Edelsteine und Geschenke.

Bücher und Musik

■32 [C3] **Antiquariat Schreyer,** Peutingerstr. 18, www.antiquariat-schreyer.de. Antiquarische Bücher (auch Internetshop) in Domnähe. Mo.–Fr. 10–12 und (außer Mi.) 14–18, Sa. 10–13 Uhr.

■33 [D3] **Buchhandlung am Obstmarkt,** Obstmarkt 11, Tel. 0821 518804, www.buchhandlung-am-obstmarkt.de. Eigener Brecht-Raum mit Mackie-Messer-Drehorgel, viel Literatur von/über Brecht, neue und antiquarische Bücher sowie Veranstaltungen/Lesungen.

■34 [D5] **Buchhandlung Rieger & Kranzfelder,** Maximilianstr. 36, www.rieger-und-kranzfelder.de. Eine der wenigen verbliebenen, größeren unabhängigen Buchhandlungen in der Stadt. Viel Regionalliteratur sowie Durchgang zum Damenhof (s. S. 71).

〉 **handverlesen** (s. S. 18). Literatur und Kaffee.

■35 [C4] **Schlossersche Buchhandlung,** Annastr. 20, http://schlossersche.shop-asp.de. Alteingesessener, gut sortierter Buchladen in der Fußgängerzone, Abteilung mit Büchern des Verlags Zweitausendeins.

■36 [C5] **Taschenbuchladen K & K,** Färbergäßchen 1, http://taschenbuch-kuk.shop-asp.de. Klein, aber fein und betrieben von eingefleischten Buchhändlern, mit viel Wissen und exzellenter Beratung; Schwerpunkt Literatur.

■37 [D5] **Tonträger – underground music & fashion,** Wintergasse 7, www.facebook.com/tontraegeraugsburg, Mi.–Sa. 14–19 Uhr. Die erste Adresse in Augsburg für aktuelle (und vergriffene) Platten und CDs. Schwerpunkt: elektronische Tanzmusik von Techno über House, Minimal und Electro bis zu Dubstep, auch Hip-Hop, Funk, Disco, Reggae, Dancehall und Indie. Die Mitarbeiter sind meist DJs, Mitorganisator von Klub-Events. Verkauft werden auch „Turntable Monkey"-T-Shirts, Taschen u. Ä.

Kulinarisches

⑩ [C4] **Stadtmarkt.** Markt mit Spezialitäten aus Nah und Fern. In zwei großen Hallen und an über 100 Ständen werden Obst, Gemüse, Blumen, Backwaren, Fisch, Käse, Fleisch, Wurst, internationale Feinkost und Blumen angeboten. Dazu gibt es eine Imbisszeile in der „Käsehalle" (Viktualienhalle) und Deftiges in der Fleischhalle (Stehimbiss).

■38 [D5] **BitterSüß,** Vorderer Lech 18. Tischchen vor dem Laden, an denen man Schokolade, Kaffee oder Uli-von-Bocksberg-Eis vom Bauernhof und hausgemachten Schokokuchen genießen kann. Außerdem Produkte internationaler Chocolatiers.

■39 [E4] **Bonbonmanufaktur Guzzie,** Schlossermauer 29, www.guzzie-bonbon.de. Geschenke und Wunschbonbons, Lollis, Lakritz, Toffee u. a. in Handarbeit hergestellt.

■40 [E4] **Gewürz-Tee-Haus,** Mittlerer Lech 20. In Augsburg hat der Handel mit Gewürzen und Kräutern lange Tradition: Bereits im 15. Jh. brachte Jakob Fugger Gewürze von Venedig hierher und auch die Welser handelten damit. Philippine Welser machte sich als Naturheilkundige einen Namen. Die Familie von Ladenbesitzerin Gertrud Kössler-Mayr befasst sich ebenfalls schon seit mehreren Generationen mit Gewürzen und Kräutern, außerdem gibt es Tees sowie Bienen- und Ayurveda-Produkte. Daneben befindet sich mit Mutter Erde der älteste Naturkostladen der Stadt.

■41 [D4] **Isle of Skye,** Weiße Gasse 10, www.isle-of-skye-online.de. Whiskeyladen mit Tastings, Seminaren sowie Inter-

netversand. Einzelfassabfüllungen und Whisk(e)y-Raritäten.

🛍42 [D4] **Joh's Becker,** Judenberg 7. Tee, Pralinen, Kakao, exklusive Schokoladen und Lebkuchen sowie Geschenkartikel. Netter Service!

🛍43 [D4] **No. 7,** Steingasse 7. Erlesene Rauchwaren (Humidor) und Spirituosen, aber auch Mitbringsel und Geschenkartikel wie Schweizer Taschenmesser.

🛍44 [E5] **Olivenöl … und mehr,** Neuer Gang 6, www.olivenernte.de, Mo.–Fr. 10–19, Sa. 10–16 Uhr. Nahe Vogeltor und City-Galerie gibt es qualitativ hochwertige Öle, Oliven, Kaffee, Weine aus Bioanbau, Geschenke und Verkostungen.

🛍45 [D5] **Süßkind Galerie & Schokolade,** Dominikanergasse 9, Di.–Fr. 11–18, Sa. 11–16 Uhr. Exquisite Schokokreationen weniger bekannter Chocolatiers und dazu eine Galerie, in der Künstler der Region ausstellen.

🛍46 [E6] **Weinkellerei Bayerl,** Milchberg 15, www.bayerl-weinkellerei.de. Augsburger Traditionsunternehmen aus dem Jahre 1892. Weinshop und Spirituosenfabrik mit Eigenmarken. Holunderblütenlikör und Honigwilliams (Williamsbirne mit Bienenhonig) aus eigener Produktion, Vertrieb von Rochelt-Schnaps (17 versch. Obstsorten, 50 % Alkohol), Augsburger Spezialitäten wie Fugger Fürsten Kräuter-Bitter, Augustus Likör, Stoinerner Ma, Kräutergeist oder Aprikosenlikör sowie Augsburger Frauenschnäpsle. Filiale:

🛍47 [D4] **Weinkellerei Bayerl,** Phil.-Welser-Str. 5, nahe Rathausplatz

△ *Bunte Vielfalt und mediterranes Flair auf dem Augsburger Stadtmarkt* ❿

Verschiedenes

🔒**48** [C5] **Comic Time**, Hermanstr. 7, www.
comic-time.de. Alles für den Comic-Fan:
Spiele, Figuren, Mangas, Karten, Comic-
Hefte und -Bücher.

🔒**49** [D3] **Hofapotheke St. Afra**, Hoher
Weg 11, http://hofapotheke-augsburg.
de. 1556 gegründete bischöfliche Hofapotheke zu St. Afra, spezialisiert auf
Homöopathie. Verkauft allen Augsburgern bekannte Eigenprodukte wie den
legendären „Afra Balsam".

🔒**50** [D4] **La Maison des Théières**,
Weiße Gasse 7, Di./Mi. 14–19, Do.–Sa.
10–19 Uhr. Gusseisenkannen aus Japan
und exklusive Messer.

🔒**51** [D4] **Papiermanufaktur Wengenmayr**,
Auf dem Rain 6, www.papiermanufaktur-
wengenmayr.de. Laden gegenüber dem
Brechthaus, in dem handgeschöpfte
Bütten hergestellt werden, im Brechts
Bistro (tgl. außer So. 18–1 Uhr) finden
regelmäßig Events, auch im Rahmen des
Brechtfestival statt.

🔒**52** [D4] **Rituals**, Annastr. 7. Holländische
Kosmetikkette, die luxuriöse Kosmetik-
artikel für Körperpflege wie Cremes und
Make-up, aber auch Tee, Kerzen, Kleidung, Duftöle etc. bietet

🔒**53** [D4] **Seaside**, Schmiedgasse 11,
www.seaside.com.de. Meereskos-
metik, Gesichtspflege, Badeprodukte
(Biomaris).

Augsburg für Genießer

Augsburgs Küche ist ein Gemisch aus
**schwäbischen und bayerischen Spezi-
alitäten,** die Stadt bietet jedoch dank
des hohen Anteils an verschiedenen
ethnischen Bevölkerungsgruppen
auch „Weltküche" aller Art. Infos zum
aktuellen Gastrogeschehen finden
sich unter http://augsburger-gastro-
news.blogspot.de. Hilfreich ist auch
www.schlemmerregion-augsburg.de

Hervorhebenswerte Lokale

Fine Dining

❯ **Augsburger Hof** €€, im Romantikhotel
Augsburger Hof (s. S. 127), Tel. 0821
343050, tgl. 11–23 Uhr. Regionale
Küche mit wöchentlich und saisonal

Gastro- und Nightlife-Areale
Bläulich hervorgehobene Bereiche in
den Karten kennzeichnen Gebiete mit
einem dichten Angebot an Restaurants,
Bars, Klubs, Discos etc.

---

wechselnden Gerichten. Ebenfalls im
Haus: Meder's Café & Bar.

📍**54** [C2] **August** €€€, Frauentorstr. 27, Tel.
0821 35279, Mi.–Sa. 19–1 Uhr. Krea-
tive Gourmetküche in einem unschein-
baren Lokal nahe dem Mozarthaus.
Chefkoch in dem 2-Sterne-Restaurant ist
Christian Grünwald. Serviert wird ein teu-
res, aber exquisites Prix-Fix-Menü. Lang-
fristige Vorreservierung ist wegen der
wenigen Plätze nötig. Bei schönem Wetter auch Service auf der Dachterrasse.

📍**55** [bh] **Haupt** €€€, Schertlinstr. 23, Tel.
0821 5898475, Mo.–Sa. 11.30–14.30
und 18.30–23.30 Uhr. Toprestaurant
im Prinz-Karl-Palais. Kreative Küche mit
lokalen Zutaten und saisonalen Spezialitäten, serviert in historischem Ambiente.
Mit BIB Gourmand für gutes Preis-Leis-
tungs-Verhältnis ausgezeichnet.

📍**56** [E4] **Lustküche** €€, Mittlerer Lech 23,
Tel. 0821 7808422, Di.–Sa. 11.30–14,
Mo.–Sa. 18–22 Uhr. Kreative Küche,
serviert in hipp gestylten Räumlichkeiten. Überschaubare Speisekarte mit Mittagsgerichten unter 10 €.

Augsburg für Genießer

Lecker vegetarisch

58 [D3] **Ihlanis Rastaround** €, Frauentorstr. 4, Di.–Do. 11–20, Fr./Sa. 11–22, So. 14–19 Uhr („Sweet Sunday"). Ungewöhnliches Lokal hinter dem Dom mit „Vegan Soulfood" wie Falafel, Döner oder gegrilltem Fladenbrot.

59 [D4] **Kichererbse** €, Judenberg 5. Zentral gelegener kleiner Stehimbiss, in dem es nur Falafel in verschiedenen Versionen gibt. Immer frisch und preiswert.

60 [G5] **nunó** €–€€, Provinostr. 46, im Textilmuseum, Tel. 0821 5081044, Di.–So. 10–18 Uhr. Leichte und hochwertige saisonale Küche mit Bioprodukten aus der Region im Wok zubereitet. Viel Vegetarisches wie Currys, Salate, Suppen, Gemüse. Frühstück 10–12 Uhr, beliebtes Sonntagsbüffet von 10–14 Uhr. Wechselnde Wochenkarte mit Menüs unter 10 €, gute Kaffees und Kuchen sowie Säfte und Limonaden. Mit „Deli im Nunó" (Selbstbedienung).

Dinner for one

› **Cafe-Bar Artistico** €, im Kulturhaus Kresslesmühle (s. S. 35), tgl. 10–1 Uhr. Wechselndes (preiswertes) Angebot an leichten, mediterran angehauchten Gerichten, viele Salate sowie Frühstück von 10–13 Uhr. Mit Plätzen im Freien gegenüber der historischen Stadtmetzg.

61 [C4] **Feinkost Kahn, Café & Bistro** €€, Annastr. 16, Mo.–Sa. ab 8 Uhr. Zentral in der Fußgängerzone, mit Feinkosttheke, v. a. beliebt zum Frühstück.

Für den späten Hunger

› **Annapam** (s. S. 30). Preiswerte deutsch-mediterrane Gerichte von Kässpatzen und Schnitzel über Salate bis Pizza. Tgl. bis 1 Uhr geöffnet.

› **König von Flandern** (s. S. 26). Deftige Kost, passend zum hausgebrauten Bier, bis 1 Uhr nachts geöffnet.

Lokale mit guter Aussicht

› **Café Eber** (s. S. 29). Im Sommer mit Sitzplätzen auf dem Rathausplatz bzw. im 1. Stock mit Blick auf den Platz.

› **Kahnfahrt** (s. S. 27). Ausflugslokal mit Terrasse direkt am Wasser.

› **Lug ins Land** (s. S. 27). Biergarten mit malerischem Ausblick von der Stadtbefestigung.

› **Riegele WirtsHaus** (s. S. 26). Im Sommer Terrasse an den Gleisen des Hauptbahnhofs mit Fernblick.

› **Santin Eis** (s. S. 29). Leute beobachten auf der Bahnhofstraße.

› **Magnolia – Restaurant im Glaspalast** €€€, im Glaspalast (s. S. 95), Tel. 0821 3199999, tgl. 11.30–14.30 (außer Sa.) und 18.30–23 Uhr. Gourmetrestaurant im „jungen, wilden Stil". Schickes Ambiente, moderne Küche, die mit einem BIB Gourmand ausgezeichnet wurde. Günstige Mittagsmenüs!

› **Maximilian's** €€–€€€, im Hotel Steigenberger (s. S. 128), Tel. 0821 5036650. Angenehm luftige Atmosphäre, Weinkeller (auch Flaschenverkauf außer Haus!) und Plätze im Freien sowie Showküche und saisonale Gerichte. Werktags günstiger Business Lunch und beliebter Sonntagsbrunch (11.30–14.30 Uhr). Zugehörig ist 3 M Bar-Café mit kleinen Speisen (Tapas), Cocktails, Tees, Kaffees (tgl. 10–1 Uhr), im selben Haus: Fine Dining bei Sartory (festes Menü mit regionalen Bio-Gerichten, Reservierung nötig, da nur wenige Plätze).

57 [F6] **Paul's** €€–€€€, Provinostr. 13, Tel. 0821 455655, Mo.–Sa. 17.30–23 Uhr. Stadtnah gelegenes Steakhaus, modern eingerichtet. Mo.–Sa. Abendessen, jeden 2. So. im Monat 11–15 Uhr Brunch.

Kulinarische Spezialitäten und Ausdrücke

Bredzg (pl. *Bredzga*) – *Breze* (pl. Brezen)
(niemals „Brezel" oder „Brezl")

Datschi (Zwetschgadatschi) – Augsburger
Spezialität: dick mit Zwetschgen belegter
Hefeblechkuchen, mit Sahne serviert

Flädlesupp – Suppe mit in Streifen ge-
schnittenen Pfannkuchen

Gröstl – Resteessen, Salzkartoffeln mit
Wurst/Fleischresten und Zwiebeln etc.
geröstet

Guatsle, Guadl, Guzzie – Bonbons

Häffadoig – Hefeteig, ohne ihn kein Datschi

Kässpätzle – schwäbisches Nationalge-
richt: Spätzle (gemacht aus Eiern, Wasser und Mehl) mit Romadur (einem aro-
matischen Rotschmierkäse) und gerie-
benem Hartkäse (Emmentaler/Berg-
käse) in der Pfanne vermischt und mit
braun gebratenen Zwiebelringen serviert

Kiachla – Schmalzgebäck, zumeist an
Fasching, auch als „Ausgezogene"
bekannt

Krapfen – „Berliner Pfannkuchen"

Loibla – Gebäck, besonders Weihnachts-
gebäck

Semml – Brötchen, wobei Römerle oder
Spitzle spezielle Varianten sind

Obatzter – eigentl. eher bayerisch: Ca-
membert zerdrückt mit Butter oder
Frischkäse, Paprika, Kümmel und einem
Schuss Bier, darauf eingesalzene Zwie-
belringe

Oir – Eier

Schwäbischer Wurstsalat – Fleischwurst
oder Lyoner mit Zwiebelringen sauer an-
gemacht

Würschtle – Würstchen, u. a. Weiß-, Woll-,
Schweinsbratwürschtle oder Wienerle

Schwäbisch-bayerische Küche

Sofern nicht anders angegeben,
haben die nachfolgend empfohlenen
Restaurants zum Mittag- und Abendessen geöffnet.

⟩ Augsburger Brauhaus Zum Hasen €‑€€,
in der Kälberhalle **30**. In einer der historischen Hallen des Schlachthofes
von 1880 hat die Augsburger Brauerei
Hasen-Bräu (s. S. 60) eine neue Klein-
brauerei mit Lokal eingerichtet. Etwa
400 Plätze, Veranstaltungen sowie Biergartenbetrieb. Bekannt für Brauerfladen
und Treberschnitzel, aber auch andere
schwäbische Spezialitäten.

⟨¡62 [D4] **Bauerntanz** €‑€€, Bauerntanzgäß-
chen 1, Tel. 0821 153644. Traditions-
gaststätte in der Augsburger Altstadt,
erstmals 1576 urkundlich als Gasthaus
erwähnt. Der Name leitet sich von Fassa-
denmalereien von Joh. Evangelist Holzer
mit dem Thema „Bauerntanz" (Bauern-
hochzeit, um 1738, nicht mehr erhalten)

ab. 1790 weilte Goethe während einer
Reise hier und soll Sauerkraut mit Spat-
zen und geräucherten Würsten gegessen
und dazu einen Krug Braunbier getrun-
ken haben. Im Herbst 1777 war Wolfgang Amadeus Mozart mit seinem Augsburger Bäsle zu Gast und Mathias Klos-
termaier, berüchtigt als „Bayerischer
Hiasl", soll im September 1770 ebenfalls hier Brotzeit gemacht haben. Rudolf
Diesel (1858–1913) wohnte im nahen
Springergäßchen Nr. 6 und soll häufi-
ger Gast gewesen sein. Die Speisekarte

Preiskategorien

Pro Hauptgericht/Person ohne Getränk:

€	unter 10 €
€€	10–20 €
€€€	über 20 €

ist heute eher „international" mit einer Rubrik „Schwäbisches für Kenner" (u. a. Kässpätzle, Schupfnudeln, Maultaschen oder Rostbraten).

63 [B2] **Brauhaus Thorbräu** €, Wertach-brucker-Tor-Str. 9, Tel. 0821 36562, tgl. ab 11 Uhr. Brauereigasthof (Führungen). Kellerbier, Brotzeiten und schwäbisch-bayerische Spezialitäten wie Kässpatzen oder Maultaschen.

64 [E4] **Drei Königinnen** €€, Meister-Veits-Gäßchen 32. Brauereigaststätte der Augusta Brauerei (Lauterlech 10, www.augusta-brauerei.de) mit Biergar-ten, Mittagstisch, Frühstück und Veran-staltungsprogramm (Jazz, „Literatur im Biergarten" und Kleinkunst).

65 [E4] **Fuggereistuben** €€, Jakoberstr. 26, Tel. 0821 30870, So. 11.30–15, Di.–Sa. 11.30–14 und 18–23 Uhr. Familiengeführtes Restaurant mit Tradi-tion, verarbeitet frische Produkte aus der Umgebung (fleischlastig), saisonal vari-ierend. Günstiges 3-Gänge-Menü.

66 [F4] **Kappeneck** €–€€, Kappeneck 30, Tel. 0821 512660, Mo.–So. 18–24 Uhr, im Sommer Gastgarten. Tageskarte auf der Tafel im Gastraum, großteils Verwen-dung biologischer Produkte aus dem Umland. Bekannt für Krustenbraten vom schwäbisch-hällischen Landschwein, vielerlei Salate und Pizzas.

67 [D4] **König von Flandern** €–€€, Karo-linenstr. 12, Tel. 0821 158050. Im Gewölbekeller des historischen Bader-hauses wird Drei-Heller-Bier (naturtrüb) gebraut und deftige bayerisch-schwäbi-sche Kost („Brauerpfanne") serviert.

68 [A4] **Riegele WirtsHaus** €–€€, Fröh-lichstr. 26, Tel. 0821 4552550, www.riegele-wirtshaus.de. In Bahnhofsnähe braut die lokale Riegele-Brauerei preis-gekrönte Biere und hat in einem der historischen Bauten ein mehrteiliges schick-gemütliches Restaurant mit zwei Terrassen, Shop und Bar eingerichtet. Günstiger Mittagstisch und Brotzeiten sowie schwäbisch-bayerische Schman-kerl, dazu süffiges Fassbier. Veranstal-tungen, Brauereitouren und -seminare. Angrenzend: Biergarten mit Selbstbedie-nung (tgl. 11–23 Uhr).

69 [E6] **Weinbäck Laxgang** €, Spitalgasse 8, Tel. 0821 37911, www.weinbaeck. de. Ursprünglich nur Bäckerei (Nr. 6, bekannt für gutes Holzofenbrot), heute Lokal mit historischem Innenhof und Veranstaltungen. Deutsche Weine und saisonale Küche mit schwäbisch-itali-enischem Touch. An den beiden ersten August-Wochenenden: Kräutersau in Braunbier, im Winter: „Feuer & Punsch".

70 [D5] **Zeughausstuben** €€, Zeugplatz 4, Tel. 0821 5080504. Lokal mit Bier-garten und internationaler Speisekarte (mehrsprachig). Preiswerte Mittagsme-nüs, bayerische Schmankerl, Tagesge-richte und saisonale Schwerpunkte.

011ab Abb.: mb

◁ *Ursprünglich eine Bäckerei, jetzt auch Lokal: Weinbäck Laxgang*

▷ *Ziemlich neu und schon sehr beliebt: Riegeles Biergarten (s. S. 26)*

Biergärten

> Drei Königinnen (s. S. 26)
> **Augsburger Brauhaus Zum Hasen,** in der Kälberhalle ⑳
⊖71 [E2] **Kahnfahrt,** Riedlerstr. 11, Tel. 0821 35516. Seit 1876 Ausflugs-lokal mit Biergarten am Oblatterwall, Ostern–Okt. tgl. 11–23 Uhr, übrige Zeit Mi–So. ab 17 Uhr Fondue-Restaurant in der Bootskneipe. Bootsverleih und Plätze auf einer Terrasse direkt am Was-ser. Schweinebraten, Brotzeiten und Bier sowie Kaffee, Kuchen und Eis.
⊖72 [F6] **Kervansaray,** Seilerstr. 5, Tel. 0821 556366, Mo.–Sa. 17/18 (Sommer/Winter) bis 1 Uhr, So. bis 23 Uhr. Schöner Biergarten, in dem türki-sche Gerichte und internationale Küche – auch Pizza und preiswerte Tagesge-richte – serviert werden, dazu Bier aus der Schlossbrauerei Scherneck.
⊖73 [ah] **Kulperhütte,** ab Pfarrer Bogner Str. bzw. zu Fuß entlang dem Wertach-kanal, Mo.–Fr. ab 12 bis max. 24 Uhr, Sa./So. ab 11 Uhr, bei schlechtem Wet-ter Di.–Fr. 12–18, Sa./So. 11–18 Uhr. Biergartenbetrieb mit Selbstbedienung (z. B. Gulaschsuppe, Obatzda, Wurst-salat, Sulzen, Radi und Riesenbrezn, Kuchen und Eis). im Wechsel mit dem Parkhäusl Livemusik (s. S. 27).
⊖74 [D1] **Lug ins Land,** Am Lueginsland 5, Biergartenbetrieb bei schönem Wetter,

meist 11–22 Uhr. Speisen und Getränke (Selbstbedienung), günstige Wochen-karte. Direkt an der historischen Stadt-mauer gelegen mit herrlicher Aussicht.
> Riegele WirtsHaus (s. S. 26)
⊖75 [C3] **Thorbräu Keller,** Heilig-Kreuz-Str. 20, Tel. 0821 511991. Specials wie Flammkuchen und Rösti, dazu Cocktail-bar. Im Biergarten schöner als innen.
⊖76 [ch] **Waldgaststätte Parkhäusl,** Prof.-Steinbacher-Str. 10a (im Siebentisch-wald), www.parkhaeusl.de, im Sommer bei Biergartenwetter tgl. ab 11, im Win-ter nur Sa./So. 12–20 Uhr. Brotzeiten wie Weißwürste, Currywurst, Kässpat-zen oder Wurstsalat. So. 12 oder 16 Uhr Livemusik (im Wechsel mit der Kulper-hütte, s. S. 27). Idyllisch-schattiges Ambiente mit Biertischen und -bänken, aber auch Liegestühlen auf der Wiese. Bei Andrang etwas Zeit nötig. Parken am Botanischen Garten/Zoo.
⊖77 [dh] **Zebra,** Hornungstr. 44, Tel. 0821 56759470, Di.–Fr. 11–14.30 und 18–22, Sa. 15–22, So. 11–22 Uhr. Eine der ältesten Gaststätten Augsburgs in der Gartenstadt Spickel mit beliebtem (und schönem) Biergarten und Klassi-kern wie Wurstsalat und kaltem Braten, dazu Pizza, Nudel-, Fisch- und Fleisch-gerichte, Tageskarte und Specials. Kinderfreundlich.

Smoker's Guide

Bayern hat bundesweit das schärfste **Rauchverbot.** *Im Sommer 2010 war es sogar zum Kulturkampf gekommen, als 61 % der Bayern bei einem von Sebastian Frankenberger ins Leben gerufenen Volksentscheid zum Nichtraucherschutz für ein strenges Rauchverbot in Bayerns Gastronomie entschieden. Zum 1. August 2010 trat die neue Regelung in Kraft und seither darf in öffentlichen Lokalen aller Art nicht mehr geraucht werden. Jeder Wirt muss bei Kontrollen mit Bußgeldern von bis zu 800 € rechnen. Derzeit wird erwogen, das Rauchen auch in Sportstadien und Biergärten zu verbieten.*

Italienische Küche

⚓78 [E5] **Osteria Albero Verde** €€, Wolfsgässchen 1, Tel. 0821 519669, Mo., Mi.–So. tgl. 12–14.30, 18.30–23 Uhr. Die Familie Fiorentino gehört in Augsburg zu den Begründern der „buona cucina italiana". Nahe der City-Galerie wird in der ehemaligen Wolfsklause saisonal variierende Kost serviert. Schöner Gastgarten.

⚓79 [ag] **Osteria Kuckuck** €€, Uhlandstr. 35, Tel. 0821 544682, Di.–Sa. 18–1 Uhr. Im westlichen Stadtviertel Pfersee gelegenes Slowfood-Lokal mit Biergarten. Monatlich wechselnde Speisekarte (mediterran) und saisonale Küche aus großteils lokalen Produkten.

⚓80 [C3] **Pastissima** €€, Jesuitengasse 20, Tel. 0821 7109994, Mo.–Fr. 11.30–14 und 18–24, Sa. 18–24 Uhr. Gehobener Italiener mit kreativer Speisekarte und schönem Innenhof.

⚓81 [D5] **Pizzeria Dragone** €-€€, Wintergasse 3. Alteingesessene Pizzeria mit Holzofen als zentralem Merkmal.

⚓82 [E5] **Trattoria La Casa Vecchia** €-€€, Bei Sankt Ursula 1, Tel. 0821 3463890, Mo.–Sa. 11.30–14.30, 18–23.30, sonntagabends schon ab 17.30 Uhr. Großes Lokal in prominenter Altstadtlage mit Freiplätzen und preiswerten Mittagsgerichten.

⊖83 [D4] **Trieste** €€, Barfüßerstr. 5, Tel. 0821 516166, tgl. 11.30–14.30, 17.30–23.30 Uhr, Di. nur abends. Eine der älteren Pizzerien zu Füßen des Perlachbergs. Pizza, Pasta, wechselnde Tagesgerichte und günstige Mittagskarte.

Mal was Anderes ...

⊖84 [F4] **Efendi** €, Jakoberstr. 55, tgl. außer Di. Türkisches Lokal. Preiswert und große Portionen.

⚓85 [D5] **Fuggerkeller (Schiemann's im Fuggerpalais)** €€-€€€, Maximilianstr. 36. Restaurant- Tapasbar im Fugger(gewölbe)keller mit internationalen und indischen Spezialitäten, Champagnerbar und Musiklounge. Mai-Sept. Bewirtschaftung im Damenhof (s. S. 71) sowie Biergartenbetrieb im benachbarten Zofenhof.

⚓86 [A6] **Manolito** €-€€, Thelottstr. 2. Beliebter Mexikaner mit täglichen Specials, Happy Hour, vielen Cocktails, Burritos, Fajitas u. a. Filiale: Deutschenbaurstr. 2 (Pfersee).

⚓87 [D5] **Nikos Tavernaki** €, Hunoldsgraben 39. Urige kleine Altstadtkneipe, bekannt für Meze (griechische Tapas), Mythos-Bier, griechische Weine und Ouzo. Sehr beliebt (ab 18 Uhr), v. a. die wenigen Freiplätze.

⚓88 [ah] **Symposium** €€, Gögginger Str. 82, Tel. 0821 5976319. Ungewöhnliche, kreative griechische Küche, im Sommer auch Biergartenbetrieb. Weinverkauf außer Haus.

❭ **Theaterküche** €, im Stadttheater ⓫, Mo.–Sa. 9–20 Uhr, durchgehend warme Küche. Nicht nur Schauspieler, Sänger und Musiker des Theaters lassen es sich hier schmecken – die Theatergastronomie ist öffentlich zugänglich und es gibt drei täglich wechselnde, frisch zubereitete Tagesgerichte, darunter immer ein vegetarisches Mahl, zu günstigen Preisen.

Cafés, Imbisse, Eis

89 [E6] **Café am Milchberg** °°, Milchberg 12, Mo.–Do. 9–18, Fr./Sa. 9–22, So. 10–17.40 Uhr. Von den Ulrichswerkstätten Augsburg (eine Einrichtung für behinderte Menschen) betriebenes Café mit wechselnden Mittagsmenüs, hausgemachten Kuchen und schattigem Garten mit Blick auf St. Ulrich. Dazu zu bestimmten Terminen Ausstellungen und Livemusik: www.cab.caritas.de/22715.html.

> **Cafe-Bar Artistico** °°, im Kulturhaus Kresslesmühle (s. S. 24)

> **Café Pustet** °°, in der gleichnamigen Buchhandlung (s. S. 18)

90 [E6] **Café Rufus** °°, Am Brunnenlech 29/Schwibbogengasse, Mo.–So. 9–18 Uhr (außer Jan./Febr.). Nettes Café in romantischer Lage mit Tischen im Freien, ideal zum Frühstück oder zum Päuschen.

91 [E4] **Café zu den Barfüßern** °°, Barfüßerstr. 10. Im Sommer romantische Terrasse über dem Stadtgraben. Bekannt für Trinkschokoladen. Daneben netter Shop „HandMADE" (Geschenke, Souvenirs u. a.).

92 [C4] **Käse & Wein**, Annastr. 2. Feinkost- und Weingeschäft mit riesiger Käseauswahl und anderen Delikatessen. Weine vom Fass und Imbiss. Einige Tische im Freien zum Reuterplatz hin. „Filiale":

93 [D4] **PAgaNINI**, Philippine-Welser-Str. 5. Hier gibt es Panini in allen Variationen.

94 [C5] **Samocca – Kaffeerösterei/Café**, Hermanstr. 8. Von Menschen mit Behinderung betriebenes Café/Deli am Kö. Neben Kaffeespezialitäten aus selbst gerösteten Bohnen (auch Verkauf) auch gute Kuchen und Snacks sowie Sonn-

EXTRATIPP

Kaffeehäuser, Konditoreien und Confiserien

Die folgenden Lokale sind im Allgemeinen von 8 bis 18 Uhr, So. ab 10 Uhr geöffnet.

99 [D4] **Café Eber**, Philippine-Welser-Str. 6/Rathausplatz. Traditionscaféhaus mit wohl größter Kuchenauswahl, u. a. „Augsburger Torte", Petit Fours, Baumkuchen, aber auch Pralinen und Schokoladen, Lebkuchen und Ostereier. Im Sommer Sitzplätze am Platz.

100 [D4] **Café Euringer**, Am Perlachberg 9. Altmodisches winziges „Caféhaus" mit Konditorei, deren Bienenstich für viele Augsburger der beste der Stadt ist.

101 [ag] **Café-Konditorei Schenk** °°, an der Luitpoldbrücke (Hessenbachstr. 1/Augsburger Str.). Mehrfach ausgezeichnete Konditorei mit Café. Nicht nur feine Kuchen und Torten, sondern auch Mittagsgerichte.

102 [D4] **Kaffeehaus Dichtl** °°, Maximilianstr. 18, bis mind. 18 Uhr geöffnet. Konditorei-Confiserie mit feinen Schokoladen, Pralinen, Gebäck und Torten, v. a. Riesenauswahl an Krapfen. Dazu „Kunst im Dichtl" (Ausstellungen lokaler Künstler). Das ehemalige Café Drexl – eines der ältesten Kaffeehäuser der Stadt – wurde detailgetreu renoviert. Stammhaus: Bahnhofstr./Ecke Schrannenstr.

tagsbrunch (Reservierung: Tel. 0821 4552640), Fr. ab 14 Uhr Kuchenbuffet.

95 [B5] **Santin Eis**, Bahnhofstr. 24, Anf. März–Anf. Okt., Mo.–Sa. 9.30–22/23, So. 11.30–22 Uhr (um die Weihnachtszeit zieht **Lebkuchen Schmidt** ein). Seit 1954 an derselben Stelle und damit

WLAN-Hotspots
Lokalitäten mit WLAN-Hotspots sind hier mit „@@" gekennzeichnet.

eine der ältesten Eisdielen der Stadt mit „gelato artigianale". Café-Bar-Betrieb innen und Freiplätze draußen.

⊝**96** [E4] **Sirin Baklava**, Jakoberstr. 13, tgl. 9–20, So. 12–18 Uhr. Türkischer Bäcker, der bekannt ist für Vielfalt an Baklava (Filoteig mit Walnüssen und Pistazien gefüllt und mit Zuckersirup übergossen), aber auch andere Backwaren. Kleine Tischchen.

⊝**97** [D5] **Sommacal** @@, Maximilianstr. 47, So.–Do. 12–20, Fr. bis 24, Sa. 11.30–24 Uhr. Eiscafé, Bistro und Bar in einem, wobei alles 1930 mit Giovanni Sommacal und Eis aus eigener Produktion begann. Erster italienischer Eissalon in Augsburg. Auch günstige Tagesgerichte und Happy Hour.

⊗**98** [D4] **Stormanns Nudelmanufaktur**, Am Perlachberg 8. Frische Pasta aller Art mit passenden Soßen, Salaten, Ölen, Essigen und Bistro mit Sonnenterrasse zum Mittagessen (11.30–15.30 Uhr).

Augsburg am Abend

Es gibt in Augsburg etliche Klubs, die sogar in der Münchner Szene angesagt sind. Biergärten (s. S. 27) sind darüber hinaus im Sommer ein beliebter Treffpunkt und Veranstaltungsort. Was Kabarett und Kleinkunst angeht, rangiert Augsburg Kresslesmühle in Süddeutschland allein schon wegen der Institution ganz oben.

🡒 *Die Haifischbar ist in einem historischen Wirtshaus untergebracht*

Nachtleben

Augsburgs **Partymeile** ist die **Maximilianstraße** ❹. Wegen der Lärmbelästigung durch Kneipen und Bars und nächtlicher Saufgelage rund um die dort befindlichen Brunnen sowie die damit verbundenen Verunreinigungen ist sie auch regelmäßig in den Schlagzeilen. Entlang der Maxstraße reihen sich vor allem Cocktailbars und Lounges auf, wohingegen die angesagten Klubs sich über das gesamte Stadtgebiet verteilen. Aktuelles zur Szene und zu aktuellen Partys erfährt man z. B. bei **Tonträger** (s. S. 21) oder im **Rekord Café**. Letzteres bezeichnet sich selbst als „Werkstatt für audiovisuelle Dienstleistungen" und ist Veranstalter unterschiedlicher Musik- und Kulturevents, zugleich Musikertreff und wichtige Infobörse der Indieszene. Dazu gibt es dort ordentlichen Kaffee.

⊝**103** [D4] **Rekord Café**, Vorderer Lech 12, www.rekordcafe.com, Di.–Sa. 13–19 Uhr

Kneipen, Treffs und Pubs

⊝**104** [E6] **Annapam**, Bäckergasse 23, Mo.–Fr. 17–1, Sa./So. 10–1 Uhr, www.annapam.de. Studentenkneipe mit Geschichte, in der neben Cocktails auch anständiges Essen und Frühstück auf der Terrasse (an Wochenenden bis 15 Uhr) angeboten wird. Im Keller ist das Hempels (s. S. 32) zu finden.

⊝**105** [D4] **Dudelsack**, Auf dem Rain 5, nahe Brechthaus, ab ca. 18 Uhr bis Mitternacht. Eine Augsburger Institution mit Guinness und Whiskey zu vernünftigen Preisen.

⊝**106** [D3] **ELEMENTS – bar café lounge**, Frauentorstr. 2, www.elements-augsburg.de. Tgl. ab 9.30 Uhr Frühstück, wechselnde Mittagsgerichte sowie Abendbetrieb, Kühbacher Bier, Weine und Cocktails. Im Sommer Terrassenbetrieb an der Domkurve.

107 [C4] **Flannigan's Post,** Fuggerstr. 5–7, Mo.–Fr. 11–15 und 17–1, Fr./Sa. 18–3, So. 18–24 Uhr. Das gibt es nur in Augsburg: eine Mischung aus Irish Pub und Mexican Bar. Livemusik, Bier, Whiskeys und Cocktails sowie Mittagstisch. Großleinwand für Fußball- und Rugby-Übertragungen.

108 [E5] **Galerie Schröder Weinbar,** Schlossermauer 10, www.galerieschroederweinbar.de, Mi.–Sa. 19.30–24, bei Ausstellungen zusätzlich Mi./Fr. 15.30–17.30 Uhr. Versteckte Altstadtgalerie und Bar in historischem Gebäude. Wechselausstellungen, gelegentlich Livemusik und gute Weinauswahl.

109 [E7] **Murdock's Irish Pub,** Am Roten Tor 8, tgl. ab 17 bis mind. 1, Fr./Sa. bis 3, So. 11–1 Uhr. Beliebter Treff für ein Guinness und zu Fußball-Übertragungen, gelegentlich Livemusik.

110 [E6] **Striese,** Kirchgasse 1, Mo.–Sa. 17.30–1, So. 10–15 Uhr. „Der Altstadt-Tresen" nahe St. Ulrich, Treff für einen Drink oder zum Essen. Eher nicht ganz junges Publikum.

Bars und Lounges

Die „Max-Partymeile" ist gespickt mit Bars wie Flair City, Seven Five, Peaches oder Caipi. Aber auch in anderen Vierteln gibt es besuchenswerte Lokale.

❭ **3 M Bar.** Bar & Lounge im Hotel Steigenberger (s. S. 128).

111 [D5] **Caipi Bar,** Maximilianstr. 48, Mo.–So. 18–2 Uhr. Große Auswahl an verschiedenen Caipirinhas und anderen Cocktails. In der winzigen Bar am Herkulesbrunnen herrscht eine nette Atmosphäre.

112 [D3] **Golden Glimmer Bar,** Schmiedberg 3, Do.–Sa. 19–3 Uhr. „Just a simple Bar": Getränke, Snacks und Knabbereien, dazu Livemusik oder DJs. Im Sommer Dependance am Parkhäusl (s. S. 27). Zweimal im Jahr findet der

EXTRATIPP

Auf dem Sonnendeck

Eine „Strandbar" mit Liegestühlen und Sonnenschirmen gibt es auf dem Dach des Grottenau-Parkhauses neben dem Stadtmarkt. Bei schönem Wetter werden im Sommer täglich von 11 bis 24 Uhr Cocktails und Gratisevents sowie Fußballübertragungen angeboten. Es können eigene Speisen mitgebracht werden, doch man kann auch an der Bar etwas vom Lieferservice bestellen (Sushi, Pizza oder Asiatisches).

116 [C4] **Sonnendeck,** Ludwigstr. 20, www.sonnendeck-augsburg.de

Golden Glimmer Club – eine Partyreihe an wechselnden Orten – statt (www.goldenglimmer.de).

113 [E6] **Haifischbar,** Spitalgasse 16, tgl. ab 18 Uhr. Tiki-Bar in einem historischen Gasthaus („Schwarzes Ross"). Vom skurrilen Styling bis zur Küche ist Südsee angesagt. Buntes Publikum, gelegentlich Events.

114 [E5] **La Blue. Café Bar Lounge,** Mittlerer Lech 45. Gemütliches Bar-Restaurant mit kleinem Biergarten und nächt-

013ab Abb.: mb

lichem Barbetrieb (tgl. 15–5 Uhr). Kleines Imbissangebot, v. a. Griechisches wie Galaktobureko (Grießpudding in Filoteig).

115 [D5] **mamo Lounge**, Maximilianstr. 30, www.mamo-lounge.de. Lounge mit Dachterrasse. Sonntagsbrunch, Happy Hour sowie Wraps, Pasta, Fingerfood und diverse Kaffees.

Liveveranstaltungen

In der Kulperhütte (s. S. 27), im Parkhäusl (s. S. 27), in den Drei Königinnen (s. S. 26), im Riegele WirtsHaus (s. S. 26), der Kälberhalle **30** oder der Bar 3 M (s. S. 128) finden ebenfalls Veranstaltungen statt.

117 [D5] **11er Fußball. Kultur. Kneipe,** Dominikanergasse 14, Mo.–Do. ab 19, Fr. ab 17.30, Sa./So. ab 13 Uhr. Sportsbar, in der v. a. die Spiele des FC Augsburg live gezeigt werden. Wechselnde, preiswerte Tagesgerichte, angenehm schlicht eingerichtet.

〉 Hempels, http://hempels-augsburg. de. Veranstaltungskeller im Annapam (s. S. 30), Kellerkonzerte querbeet: Weltmusik, Pop, Jazz, Singer-Songwriter, Rock und Blues. Preiswerte Tickets (Studentenermäßigung), an Freitagabenden *open stage.*

118 [E5] **Thing,** Vorderer Lech 45, Tel. 0821 39505, www.thing-augsburg.de, tgl. 17–1 Uhr. Großer Biergarten (bis 23 Uhr), Fußball-Übertragungen (v. a. FCA), Grillbetrieb im Freien bei schönem Wetter (Do.–Sa. 18–22.30 Uhr). Im Winter Veranstaltungsprogramm (Konzerte, Kneipenquiz, offene Bühne, Ausstellungen, Schafkopfturniere). Preiswertes, sättigendes Essen, dazu Riegele-Biere.

Discos und Klubs

119 [be] **Ballonfabrik,** Austr. 27 (Buslinie 35), www.ballonfabrik.org. Weder Disco noch Klub, sondern „fabrik unique" – ein selbstverwaltetes Kultur-

zentrum mit verschiedensten Veranstaltungen, Live- und DJ-Musik (Postpunk, Punkrock, Techno, Dub, Indie, Metal, Electro).

120 [C3] **Beim Weißen Lamm,** Ludwigstraße 23, www.lamm-klub.net. Tagsüber nettes Café (Mo.–Fr. ab 10, Sa./So. ab 12 Uhr) im Retrostil, freitag- und samstagabends sowie vor Feiertagen Klubbetrieb (Indie); auch Poetry Slams u. a. Veranstaltungen.

121 [B7] **club IDEAL,** Gögginger Str. 26–28, www.club-ideal.de, Happy Hour 23–24 Uhr. 1963 begann hier Roy Black mit den Cannons seine Karriere, zeitweilig war hier der Kerosin Club zu Hause. Experimentierfeld und Förderung talentierter Nachwuchskünstler. Do. elektronische Musik mit Newcomer DJs, auch Techno, Tech-House, Minimal, House u. a. Richtungen. Nur zu Veranstaltungen geöffnet.

122 [bi] **Cube Discoclub,** Piccardstr. 6a (Straßenbahnlinie 3/13, Buslinie 41, Nachtbus 94, Haltestelle Bukowina Institut–PCI), www.cube-augsburg.de, nur Sa. 22–5 Uhr, Eintritt 7 € (inkl. 2 € Verzehr). 2012 neu eröffnet mit drei Bars, modernster Lichttechnik, Chill-out-Zone und überdachtem Raucherbereich. DJ Heed, Partysound, Klub- und Chart-Hits zum Tanzen und Feiern.

123 [af] **Kantine,** im Kulturpark West, Am Exerzierplatz 25a, www.musikkantine.de. Angesagter Klub mit verschiedenen Veranstaltungen und Livemusik sowie DJs. Indie, Reggae, Dancehall, Britpop, Pop, Rock, 1980er-Hits, Alternative, Electro, Classics. Im Sommer: Auto.matic.open (www.automaticmusic.de) – Openairfestival mit DJs.

124 [be] **Kesselhaus,** Riedingerstr. 26, www.kesselhaus.eu. Topdresse für elektronische Musik mit Acts wie Sven Väth, Extrawelt oder Moonbootica. Alte Industriehalle direkt neben der Rockfabrik mit tollen Ton- und Lichteffekten.

⊕**125** [B7] **K.Klub,** Gögginger Str. 10, www.
kklub.de. Restaurant, Klub und Bar im
Kongresszentrum. Do. 20 Uhr Liveacts
und „Groove'n Dine" sowie Sonderver-
anstaltungen wie „James Bond Birth-
day Party".

⊕**126** [D5] **liquidclub,** Maximilianstr. 71,
www.liquidclub.de. Mi.–Sa. geöffnete
Disco. Verschiedene DJs – Electronic,
Black, House, Minimal u. a. Unterschiedlicher Eintritt.

⊕**127** [D6] **mahagoni bar,** Ulrichsplatz 3,
www.mahagonibar.de. Seit 1999 beste-
hender Musikklub, Elektro, R&B und
Black, Indie, Pop, Do./Fr./Sa. 22–4/5
Uhr. Mehrere Räume und Lounges,
wechselnde DJs.

⊕**128** [D5] **Mo Club,** Afrawald 4, www.
moclub.eu. Außer So./Mo. ab 22 bis
2/3, Fr./Sa. bis 5 Uhr. Eher Jugend-/
Studentenklub mit Studentenpartys am
Dienstag und Salsa am Mittwoch. Günstige Getränkepreise.

⊕**129** [dg] **Ostwerk,** Partnachweg 2, www.
ostwerk.de. Livemusikklub und Disko-
thek. Charts und Partybeats, Liveveran-
staltungen (Hip-Hop, Rap u. a.), 1990er-
Party mit DJ Oli P, Mashup mit DJs from
Mars, „Lost in Music" am Sa. mit Resi-
dent-DJ-Team Freddy & Andi Apitzsch.

⊕**130** [be] **Rockfabrik,** Riedingerstr. 24,
www.rockfabrik-augsburg.de, Eintritt
3–4 €. Zweiteilige Disco mit zwei Tanz-
flächen und Imbiss, Mi.–Sa. Programm.
Themenabende: Rock, R&B, Pop, House,
Rock Metal, Gothic u. a.

⊕**131** [C3] **Schwarzes Schaf,** Ludwigstr. 23
(Durchgang), www.schaf-klub.de. Klub-
nächte an Wochenenden (Indie, Techno
oder Drum 'n' Bass), Do. Hip-Hop, Elektro und Mashups, wechselnde DJs. Dazu
Partys zum Tanzen.

⊕**132 Spectrum Club,** Ulmer Str. 234a, Tel.
0821 409026, www.spectrum-club.de.
Livemusik- und Partyklub, der seit mehr
als 19 Jahren besteht. Breites Spekt-
rum an Konzerten, kulturellen Veranstal-

tungen und Partys unterschiedlichster
Stilrichtungen. Bands und Wortkünstler
sowie Stars wie LaBrassBanda, Gianna
Nannini, Konstantin Wecker, Oliver
Pocher oder Charlotte Roche traten hier
schon auf.

Theater und Konzerte

Was die Theaterszene angeht, sorgte
Augsburg schon des Öfteren für eher
negative Schlagzeilen – Budgetkür-
zungen im Kulturbereich, Bühne im
Container, marode Komödie u. Ä. er-
zeugten Unmut. Dabei ist auch diese Szene eigentlich lebendig und interessant, nicht nur im Theater Augsburg, sondern auch auf den kleineren
Bühnen. Über das Theaterprogramm
wie auch über diverse Konzerte (z. B.
in Kirchen) informiert http://theater
gemeinde.org.

Bühnen

Hauptbühne ist das **Theater Augsburg** ➊, ein Vierspartenhaus –
Sprech-, Musik-, Tanz- und Musikthe-
ater –, dessen Herzstück das **Stadt-**

EXTRATIPP

Kartenservice

● **133** [C5] **ABS-Kartenservice,**
K+L Ruppert, Bgm.-Fischer-Str.
11, Tel. 0821 4507070

● **134** [D4] **AZ-Kartenservice RT.1,**
Maximilianstr. 3, im Kundencenter
der Augsburger Allgemeinen,
Tel. 0821 7773410

● **135** [D4] **Konzertbüro Augsburg,**
Maximilianstr. 21, Tel. 0821
4501250, www.lk-konzerte.de

● **136** [C5] **Stadtzeitung
Kartenservice,** Konrad-Adenauer-
Allee 11, Tel. 0821 5071130

❯ **www.eventim.de,**
Tel. 01805 5700700

Augsburg am Abend

theater von 1877 (nach dem Zweiten Weltkrieg neu gebaut) mit 950 Plätzen ist. Abgesehen vom „Großen Haus" finden auch im Theaterfoyer Veranstaltungen wie Lesungen, Liederabende oder Matineen statt. Zum Theater Augsburg gehören die brechtbühne, der Hoffmannkeller, die Freilichtbühne und Kongress am Park.

Die Sparte Schauspiel wurde aus der historischen Komödie im renovierungsbedürftigen Gignoux-Haus 🈼 in der Altstadt ausquartiert. Gespielt wird derzeit in einer Art Container hinter dem Stadttheater, brechtbühne genannt. Diese „Interimsspielstätte" verfügt über 250 Plätze.

Auf der Freilichtbühne an den Rote-Tor-Wallanlagen (2100 Plätze) werden von Mitte Juni bis Ende Juli Opern, Operetten und Musicals gezeigt, außerdem gibt es hier Open-Air-Konzerte vor stimmungsvoller Kulisse.

Der Hoffmannkeller (99 Plätze), ursprünglich ein Weinlager, dann Theater-Stauraum, wird heute v. a. für individuelle Inszenierungen, Kleinkunst, Lesungen, aber auch Jazz genutzt. Der alte Gewölbekeller aus dem 18. Jh. befindet sich direkt nördlich vom Theater.

Neu renoviert steht Kongress am Park für die Sinfoniekonzerte der Augsburger Philharmoniker zur Verfügung (über 1000 Plätze).

⟳137 [E6] Freilichtbühne am Roten Tor, Kennedy-Platz 1

⟳138 [C3] Hoffmannkeller, Kasernstr. 1. Hier ist auch das interkulturelle Theater-

Alternative Kulturszene

Der gemeinnützige Kulturpark West wurde 2007 als Zentrum für kreative urbane Kulturen auf dem Areal der ehemaligen amerikanischen Reese-Kaserne im Stadtteil Kriegshaber gegründet. In Zwischennutzung entstanden Bandübungs- und Workshopräume, Ateliers, Studios und Büros. Dazu gehört auch der beliebte Liveklub Kantine (s. S. 32).

Ende 2012 kam das Gelände um den Gaskessel in Augsburg-Oberhausen als zukünftiges Ausweichquartier ins Gespräch, denn gesichert auf dem alten Gelände ist lediglich das Abraxas (s. S. 35). Seit 2010 gehört die ehemalige Ballonfabrik (s. S. 32) in Augsburg-Oberhausen zum „Kupa" und beherbergt fabrik unique, ein selbstverwaltetes Kulturzentrum mit Veranstaltungsprogramm.

❯ www.kulturparkwest.de

Das Grandhotel Cosmopolis ist ein Vorzeigeobjekt: Es handelt sich um eine Mischung aus Hotel, Asylbewerberunterkunft, Künstleratelier und Kulturcafé in einem siebenstöckigen, ehemaligen Seniorenheim. Seit 2011 wird von engagierten Augsburgern mit Sebastian Koch als Projektentwickler und mit Unterstützung von Diakonie und schwäbischer Regierung am „Konzept einer sozialen Skulptur" gearbeitet. Für 50 bis 60 Asylbewerber sollen ebenso Unterkünfte entstehen wie 16 künstlerisch gestaltete Gästezimmer mit 40 Betten.

●141 [D3] Grandhotel Cosmopolis, Springergässchen 5, http://grandhotel cosmopolis.wordpress.com

Die Orangerie stellt in wechselnden Räumlichkeiten neue Projekte und Künstler vor und hat sich der „Polykultur" mit Kunst, Musik und Video, Ausstellungen, Lesungen, Filmen, Performances und Konzerten verschrieben.

❯ www.orangerie.cc

projekt der vhs Augsburg und des Kulturamtes, „theater.interkultur", zu Hause.

⟳**139** [C2] **Kleiner Goldener Saal,** Jesuitengasse 12. In diesem Kongregationssaal des Jesuitenkollegs St. Salvator (mit sehenswerten Fresken) werden z. B. während Mozart@Augsburg klassische Konzerte gegeben.

⟳**140** [B7] **Kongress am Park,** Gögginger Str. 10. Das ganze Jahr über finden zahlreiche Konzerte u. a. Veranstaltungen statt.

⓫ [C4] **Theater Augsburg,** Tel. 0821 3244900 (für alle Bühnen), www.theater.augsburg.de

Andere Bühnen

⟳**142** [af] **Kulturhaus Abraxas,** Sommestr. 30, Tel. 0821 3246355, www.abraxas.augsburg.de. Unter anderem Heimat des Jungen Theaters Augsburg (s. S. 118), aber auch Ausstellungen u. a. Veranstaltungen, kreative Werkstatt und Künstlerateliers.

⟳**143** [D4] **Kulturhaus Kresslesmühle,** Barfüßerstr. 4, Tel. 0821 36125, www.kresslesmuehle.de. Aushängeschild ist das Kabarett, außerdem gibt es Poetry Slams (www.slam-augsburg.de) u. a. Veranstaltungen. 1977 eröffnete das Kulturhaus Kresslesmühle als Bürgerhaus in der Augsburger Altstadt, genauer in einer 500 Jahre alten Mühle im Lechviertel gegenüber der Stadtmetzg. Mit dem Nürnberger KOMM zählt es damit zu den ersten soziokulturellen Zentren in Bayern. Inzwischen hat sich die „Mühle" vor allem im Bereich der Kleinkunst und des Kabaretts einen Namen gemacht: Zwei Festivals – Augsburger Kabarett Tage (s. S. 12) und Kabarettherbst (s. S. 16) – finden regelmäßig statt und Comedystars wie Django Asül oder Michael Mittermeier wurden hier groß. Auch der Kabarettist Sigi Zimmerschied ist regelmäßig Gast. Ein Highlight war das internationale Open-Air-Theaterfestival La Piazza, das zwischen 1985 und 2004 stattfand, und mit Gründung der Interkulturellen Akademie Augsburg wurde ab 2005 ein Schwerpunkt auf interkulturelle Kultur- und Bildungsarbeit gelegt und Events wie das Festival der 1000 Töne oder das Jugend-Tanzprojekt Rap for Peace wurden gefördert. Die Mühle ist bis heute Treffpunkt und Ort für interkulturelle Begegnungen, künstlerische Experimente und zugleich offene Bühne für den Nachwuchs. Mit dem Werdegang der Mühle eng verbunden ist der Ende 2012 in Ruhestand gegangene Augsburger Hans Joachim Ruile. Seine Nachfolgerin Gabriele Spiller (Berlin/Zürich) tritt kein leichtes Erbe an.

⟩ **Parktheater im Kurhaus Göggingen** ⓴. Veranstaltungen aus allen Bereichen, u. a. Kabarett-Open-Air im Juli und Konzerte sowie Lesungen in exquisitem Ambiente. Mit angegliedertem Restaurant.

⟳**144** [H4] **S'ensemble Theater,** Bergmühlstr. 34 (mit ÖPNV schlecht erreichbar), Tel. 0821 3494666, www.sensemble.de. „Kulturfabrik" (120 Plätze) mit zeitgenössischem Programm. Das Ensemble wurde 1996 gegründet. Im Sommer Auftritte auf der „kleinen Augsburger

014ab Abb.: mb

⌂ *S'ensemble tritt im Sommer in den Stadtwallanlagen auf*

Freilichtbühne" in der mittelalterlichen Stadtmaueranlage des Jakoberwallturms (80 Plätze). Aktuelle Gegenwartsstücke und Improvisationstheater, vielfach zur Augsburger Geschichte. Auch Veranstaltungsort der Augsburger Literaturgespräche und des Theaterfestivals im Martini-Park.

❯ Gutes Kabarett wird neben Konzerten und Veranstaltungen auch in den Stadthallen der Nachbargemeinden **Gersthofen** (www.stadthalle-gersthofen.de) und **Neusäß** (www.neusaess.de/de/Kultur-und-Freizeit/Veranstaltungskalender) geboten.

Programmkinos

Augsburg hat **Kinotradition**: 1906 eröffneten in der Bürgermeister-Fischer-Straße die Luitpold-Festspiele, 1907 folgte das Thalia am Obstmarkt, das bis heute existiert. Die nachfolgend entstandenen Kinos wie Emelka, Tivoli, Capitol und Filmpalast wurden überwiegend von den „Großen" geschluckt. Neben den **Multiplexkinos** CineStar und Cinemaxx gibt es aber noch einige private Kinobetreiber wie Franz Fischer (Thalia), Ellen Gratzka (Kinodreieck) und Tom Dittrich (Liliom). Insgesamt stehen derzeit 26 Kino- und drei Open-Air-Leinwände zur Verfügung und Augsburg liegt im deutschlandweiten Schnitt, was Plätze und Besucherzahlen angeht, weit vorn: 2011 wurden knapp 927.000 Kinobesucher gezählt – damit gehört die Stadt zu den Top 5. Jeder Einwohner geht alljährlich durchschnittlich dreieinhalbmal ins Kino.

Das „**Kinodreieck Augsburg**" (Tel. 0821 153078, www.lechflimmern.de), das aus den Programmkinos Thalia (mit Kaffeehaus), Mephisto und Savoy besteht, ist Veranstalter von Reihen wie **Lechflimmern** (Sommer-

kino – Open-Air an verschiedenen Orten), **Filmtage Augsburg** (s. S. 12), Tage des unabhängigen Films, Kurzfilmwochenende und Kinderfilmfest. Das Liliom ist im Sommer zuständig für **Fribbemaxx**, das Open-Air-Kino im Naturschwimmbad.

🎬**145** [D3] **Liliom**, Unterer Graben 1, Tel. 0821 514084, www.liliom.de. Kino mit Gastronomie in historischem Gemäuer eines alten Brunnenwerks aus dem 16. Jh.

🎬**146** [D4] **Mephisto**, Karolinenstr. 21, http://mephisto-kino-augsburg. kino-zeit.de

🎬**147** [D3] **Savoy**, Schmiedberg 5, http://savoy-kino-augsburg.kino-zeit.de

🎬**148** [D3] **Thalia Kino**, Obstmarkt 5, http://thalia-kino-augsburg.kino-zeit.de

🎬**149** [cg] **Fribbe**, Siebentischstr. 4, www.fribbemaxx.de

🎬**150** [af] **Freiluftkino Familienbad**, Schwimmschulstr. 5, www.lechflimmern.de

Augsburg für Kunst- und Museumsfreunde

Seit dem Mittelalter hat Augsburg herausragende Künstler und Kunsthandwerker unterschiedlichster Genres hervorgebracht – man denke an Hans Holbein, Elias Holl oder Bert Brecht. Zudem sind Gemälde, Drucke

Museen, die mit einer magentafarbenen Nummer (**22**) als Hauptsehenswürdigkeit ausgewiesen sind, werden im Kapitel „Augsburg entdecken" ausführlich beschrieben. Dort finden sich auch alle praktischen Informationen wie Adresse, Öffnungszeiten usw.

Augsburg für Kunst- und Museumsfreunde

und Stiche, Gold- und Silberschmie-
dearbeiten oder Stoffdruck nicht nur
in Augsburg selbst, sondern weltweit
in Museen vertreten. Obwohl sich
nach der Säkularisation von 1803
München als bayerische Kunstmet-
ropole etabliert hat, blüht inzwischen
auch in Augsburg die Kunstszene
wieder auf.

Augsburg beruft sich nicht nur auf
seine römischen Wurzeln, man erinnert in sehenswerten Museen und
mit aufsehenerregenden Sonderausstellungen auch an die künstlerische
Bedeutung der Stadt zwischen Mittelalter, Renaissance und Barock/Ro-
koko. Zudem wird die wirtschaftliche
Rolle der Stadt z. B. im Maschinenbau
(MAN) und ganz besonders im Textilgewerbe betont.

Zu den **Kunstsammlungen und Museen Augsburg** zählen mehrere Ins-
titutionen: Römisches Museum mit
Stadtarchäologie, Maximilianmuseum, Schaezlerpalais mit der Deutschen Barockgalerie und der Grafi-
schen Sammlung, Mozarthaus, Neue
Galerie im Höhmannhaus sowie das
H2-Zentrum für Gegenwartskunst im
Glaspalast. Alle sind in historischen,
denkmalgeschützten Gebäuden un-

tergebracht. Der Eintritt kostet immer
7 € (erm. 5,50 €, Familienkarte 14 €),
dazu gibt es in einem weiteren Museum an den zwei folgenden Tagen
50 % Ermäßigung. Am 1. Sonntag im
Monat kostet der Eintritt 1 €. Der Eintritt in das Grafische Kabinett und die
Neue Galerie im Höhmannhaus sind
immer gratis.

> **Kunstsammlungen und Museen Augs-
burg,** Maximilianstr. 46, Tel. 0821
3244102, www.kunstsammlungen-
museen.augsburg.de

Museen

151 [A6] **Architekturmuseum Schwaben,**
Thelottstr. 11, www.architekturmuseum.
de/augsburg, Di.–So. 14–18 Uhr, Eintritt frei. Zweigstelle des Architektur-
museums der TU München (Museum
der Moderne) in der Villa des Erbauers
und Architekten Sebastian Buchegger
(1870–1929) mit großem Garten. Sohn
Arno rief eine Stiftung im Thelottvier-
tel – einer Gartenstadtsiedlung in Augsburg, die Sebastian Buchegger ab 1905

⌂ *Ein besonderes Juwel:
das Architekturmuseum Schwaben*

Augsburg für Kunst- und Museumsfreunde

plante – ins Leben. Ausstellungs-, Bibliotheks- und Arbeitsräume sowie Archiv zur Erforschung und Dokumentation der Architekturgeschichte Schwabens; interessante Wechselausstellungen.

Ⓜ **152** [dh] **Augsburger Kanumuseum,** Am Eiskanal 49, geöffnet auf Anmeldung, 1,50 €, http://akv-online.de/kanumuseum. Museum zum Kanusport und seiner Bedeutung in Augsburg.

Ⓜ **153** [bh] **Bahnpark Augsburg,** Firnhaberstr. 22, im Sommer meist So. 11–17 Uhr, 5 €. Zu aktuellen Öffnungszeiten, Veranstaltungen und Fahrten mit Nostalgiezügen siehe www.bahnpark-augsburg.de. Zu sehen sind Loks und Wagen, eine Drehscheibe, eine Dampflokwerkstatt. Es gibt eine Ausstellungshalle und eine Modelleisenbahn.

㉒ [D4] **Brechthaus.** Geburtshaus von Bertold Brecht mit Originalausstattung und Erinnerungsstücken.

016ab Abb.: mb

❯ **Die Kiste,** Museum der Augsburger Puppenkiste **㉕** mit nachgebauter Werkstatt, Filmen, Kulissen und Marionetten.

⑮ [C3] **Diözesanmuseum St. Afra.** Romanische Plastiken und sakrale Objekte ab dem 9. Jh.

㉗ [E4] **Fuggerei mit Fuggereimuseum.** Älteste noch bestehende Sozialsiedlung der Welt mit 67 Häusern, Kirche, Musterwohnung, Museum sowie Laden und Café. Es gibt Führungen und Veranstaltungen.

❯ **H2 – Zentrum für Gegenwartskunst,** im Glaspalast (s. S. 95), www.h2-glaspalast.de, Di. 10–20, Mi.–So. 10–17 Uhr. Wechselausstellungshalle und Experimentierfeld. Exponate aus eigenem Bestand und spektakuläre Sonderausstellungen international bekannter Künstler. Angegliedert ist die Staatsgalerie Moderne Kunst, Filiale der Pinakothek der Moderne in München, mit Highlights aus dem Bestand der Bayerischen Staatsgemäldesammlungen nach 1950 (www.pinakothek.de/zweiggalerien).

❯ **Jüdisches Kulturmuseum,** in der Synagoge **㉛**. Informationen zum jüdischen Leben in Augsburg und Schwaben ab dem Mittelalter, zu Kulten und Gebräuchen, Festen und Essensritualen.

❯ **Kunstmuseum Walter,** im Glaspalast (s. S. 95), www.kunstmuseumwalter.com, Fr./Sa./So. 11–18 Uhr, 6 € (am 1. So. im Monat 1 €). Eine der größten Privatsammlungen (von Prof. Ignaz Walter) zeitgenössischer Kunst in Deutschland.

Ⓜ **154** [E5] **Kunstverein Augsburg,** Vorderer Lech 20, im Holbeinhaus, Di.–So. 11–17, Mi. 11–20 Uhr, Eintritt frei, www.kunstverein-augsburg.de. Ausstellungen zeitgenössischer Kunst aus dem In- und Ausland. Institution zur Pflege zeitgenössischer Kunst, Veranstaltung von Ausstellungen, einmal jährlich der großen Schwäbischen Kunstausstellung im Zeughaus **❼**.

🏛**155** [D6] **Lettl-Atrium,** Stettenstr. 1/3, Mo.–Fr. 8–18, Sa. 8–15, So. 11–17 Uhr, Eintritt frei, www.lettl.de. Im UG der Industrie- und Handelskammer (IHK) sind Bilder des Augsburger Surrealisten Wolfgang Lettl (1919–2008) aus den Jahren 1963 bis 1992 ausgestellt.

🏛**156** [bf] **MAN Museum,** Heinrich-von-Buz-Str. 28, Mo.–Fr. 9–16 Uhr auf Anmeldung unter Tel. 08213223366, Eintritt frei, www.man.eu/de/unternehmen/geschichte/museen/Museen.html. Eine Zeitreise durch mehr als zwei Jahrhunderte Technikgeschichte. Das Museum der MAN-Gruppe und der manroland AG in Augsburg bietet viele Originalexponate – darunter der erste Dieselmotor der Welt. Zudem gibt es Modelle, Bilder und Infotafeln. Angeschlossen ist ein historisches Archiv, das rund 1,5 Mio. Dokumente über die Geschichte der Firma aufbewahrt.

❸ [D4] **Maximilianmuseum.** Kunstwerke aus der Stadtgeschichte, Gold- und Silberschmiedekunst, Kunsthandwerk u. a. aus Augsburger Werkstätten.

❷⓪ [C2] **Mozarthaus.** Geburtsort von Leopold Mozart (1719). Dokumente und Fotos über sein Leben und Wirken sowie über das seines Sohns Wolfgang Amadeus.

❶❷ [C4] **Naturmuseum Augsburg.** Interessant aufgemachte Ausstellungen zu Geologie, Paläontologie, Mineralogie und Biologie. Mit angeschlossenem Planetarium.

🏛**157** [D5] **Neue Galerie im Höhmannhaus,** Maximilianstr. 48, Di.–So. 10–17 Uhr, Eintritt frei. Wechselausstellungen, oft Ergänzung zu Ausstellungen im benachbarten Schaezlerpalais ❺ oder moderne Kunst.

❯ **Römisches Museum.** Sammlung archäologischer Fundstücke aus der Stadt in einer barocken Dominikanerkirche. Wegen Baumängeln bis auf Weiteres geschlossen.

❺ [D5] **Schaezlerpalais.** Hier kann man sehenswert ausgemalte Säle, die Deutsche Barockgalerie und die Staatsgalerie Altdeutscher Meister in der ehemaligen Katharinenkirche bestaunen.

🏛**158** [E7] **Schwäbisches Handwerkermuseum,** Beim Rabenbad 6, Zugang durch den Innenhof des Heilig-Geist-Spitals (Puppenkiste), www.hwk-schwaben.de, Mo./Di. 9–12, Mo.–Fr. 13–17 und So. 10–17 Uhr, Eintritt frei. Zunftinsignien und Wissenswertes zu verschiedenen Berufsständen wie Putzmacherin, Bader, Posamentierer, Buchbinder, Goldschmied, Gürtler, Sattler, Schmied u. a. im historischen Brunnenmeisterhaus. Im Winter Kunsthandwerksweihnachtsmarkt.

❷❾ [G5] **tim – Staatliches Textil- und Industriemuseum Augsburg.** Interessantes Museum zur Textilgeschichte Augsburgs, zum Stoffdruck und zur Mode, auch Wechselausstellungen.

Kunstgalerien

☎**159** [D4] **Ecke Galerie,** Elias-Holl-Platz 6, www.eckegalerie.de, Mo.–Fr. 14–18, Sa. 11–14 Uhr. Wechselnde Ausstellungen zur Kunst der Gegenwart, auch zum Kauf.

❯ **Galerie Noah,** im Glaspalast (s. S. 95), www.galerienoah.com, Di.–Do. 10–15, Fr.–So. 11–18 Uhr. Eine der großen, international vernetzten Galerien Deutschlands befindet sich im historischen Glaspalast in Augsburg.

❯ **Galerie Schröder Weinbar** (s. S. 31). Weinbar mit Kunstausstellungen.

❯ **Süßkind Galerie & Schokolade** (s. S. 22). Kunst und Schokolade.

◁ *Im tim* ❷❾ *geht es nicht nur um die Textilindustrie, sondern auch um Mode*

01.7 ab Abb.: mb

Kunst unter freiem Himmel

Augsburgs **Renaissancebrunnen** (s. S. 67) sind das künstlerische Aushängeschild der Stadt, doch es gibt auch andere sehenswerte Kunstwerke im Freien. Eine eher peinliche Geschichte erlebte Augsburg 2000: Der renommierte Maler, Bildhauer und Grafiker **Markus Lüpertz** hatte, gestiftet von Ellinor Holland, Herausgeberin der Augsburger Allgemeinen, eine Brunnenfigur der **Aphrodite** geschaffen. Diese erwies sich jedoch für den schwäbischen Geschmack als zu revolutionär. Die Göttin der Liebe wurde deshalb – quasi zur „Gewöhnung" – im Foyer des Augsburger Rathauses aufgestellt, doch es half nichts. Die von Lüpertz geschaffene, „abstrakte" Aphrodite basierte auf der Idee des Künstlers, dass jede Frau eine Aphrodite sein könne. Die Proteste rissen nicht ab und nun steht die von den Augsburgern verschmähte Skulptur im Hof des Augsburger Medienzentrums am östlichen Stadtrand. Im Kunstmuseum Walter (s. S. 38) ist übrigens Lüpertz' Skulptur „Mallorca" zu bestaunen, neben einigen seiner Bilder.

Ein anfangs ebenfalls sehr umstrittenes Kunstwerk steht vor dem Stadttheater ⏸ und trägt den Titel „**Ostern**". Die 6,5 m hohe, abstrakte Skulptur aus Chromnickelstahl stammt von dem Berliner Bildhauerpaar **Brigitte Denninghoff** und **Martin Matschinsky**. Sie wurde 1992 auf dem Rathausplatz aufgestellt und nach Bürgerprotesten vor das Stadttheater umgesetzt.

Von vielen Augsburgern kaum bemerkt gibt es außerdem auf dem **Gelände der Universität** eine beachtliche Sammlung moderner Kunstwerke. Ein „Führer" zu „**Kunst am Campus**" kann man unter folgendem Link herunterladen:

❯ http://videolabor.phil.uni-augsburg.de/AUGSBURG_deutsch/Kunst.html

⌃ Ganz und gar nicht alltäglich: der Pferseer Kunsttunnel

Kunsttunnel Pfersee

Als Bestandteil der Bewerbung der Stadt Augsburg zur **Kulturhauptstadt Europas** wurde 2003 als sinnvolle Verschönerungsmaßnahme die südliche Tunnelwand der **Pferseer Unterführung** (stadtauswärts) von heimischen Künstlern, Laienmalern, Jugendlichen und Kindern ausgemalt, die andere Seite folgte 2012 während des Umbaus der Unterführung. Die Bilder von 2003 wurden gesäubert und restauriert bzw. beschädigte Gemälde übermalt, sodass neue Flächen entstanden. 65 Künstlerinnen und Künstler im Alter zwischen 10 und 70 Jahren, hauptberufliche Künstler ebenso wie Laien – z. B. Robert Kempe, Karin Bähr, Michael Iden, Werner Wiedemann oder Stephan Paur –, Einzelpersonen und Organisationen wie das Freiwilligenzentrum, das Fanprojekt des Stadtjugendrings, die IG Metall oder Bikekitchen, gestalteten in einer großen Aktion im August/September 2012 die Pferseer Unterführung von der vormaligen „Angströhre" zum Augsburger Kunsttunnel und damit zur **öffentlichen Galerie** mit Bildern in verschiedenartigen Techniken und mit völlig unterschiedlichen Motiven um. Das ganze Projekt stand unter der Leitung von Wolfgang F. Lightmaster vom Bündnis für Augsburg.

Durch den Rückbau von Betonsockel und Trennwand wurde der Tunnel zudem heller und freundlicher und es wurde (endlich) auch eine Kompromisslösung für Radfahrer gefunden. Farbige Ringe, die an beiden Seiten weitergeführt werden, strukturieren die Tunneldecke und verkürzen den Tunnel optisch. Die bis dahin der akustischen „Aufbesserung" dienende ganztägige Mozartbeschallung, die so gar nicht zu den Verkehrsgeräuschen passen wollte, wurde durch eine minimalistische Komposition „Private Transport" von den beiden Augsburger Klangkünstlern Gerald Fiebig und Alexander Möckl ersetzt. Nachts schallt allerdings weiterhin Mozart aus den Lautsprechern.

> **Weitere Infos** unter www.buendnis.
augsburg.de/index.php?id=32041

Augsburg zum Träumen und Entspannen

Die Farbe Grün ist nicht nur eine der drei Stadtfarben (Rot, Grün und Weiß), sondern prägt auch zu einem Viertel das Stadtgebiet. Hinzukommen unzählige Wasserkanäle, Bäche und die beiden Flüsse Lech und Wertach, die ebenfalls „Freizeitwert" haben.

Allein die Wälder nehmen im Augsburger Stadtgebiet mehr als 3000 ha und damit rund ein Fünftel der Gesamtfläche ein. Der stadtnahe **Siebentischwald** ㉟ umfasst zusammen mit dem Haunstetter Wald 1580 ha. Er gilt als Naherholungsgebiet Nr. 1 und Paradies für Läufer, Spaziergänger, Radler, Familien, Freizeitsportler und, da sich hier der beliebte Kuhsee befindet, auch für Sonnenanbeter und Wasserfreunde.

Die sogenannten **Siebentischanlagen** (s. S. 100), zu Beginn des 20. Jh. angelegt und 27 ha groß, verbinden die Innenstadt mit dem Siebentischwald. Teiche, Kanäle, Spielflächen, Minigolf und Gaststätten gehören dazu, am Rand laden außerdem Zoo ㊲ und Botanischer Garten ㊱ zum Besuch ein und die **Sportanlage Süd** (s. S. 121) – nahe dem Stempfle See – bietet Gelegenheit zu intensiver sportlicher Betätigung.

018ab Abb.: mb

Am östlichen Rand des Areals liegt der **Kuhsee** ㊳, Augsburgs Badeweiher, ein in den 1970er-Jahren künstlich geschaffener See mit Erholungswert. Im Sommer bevölkern bis zu 10.000 Badegäste die Ufer und es kann eng werden. In den Zonen am südlichen Seeufer darf sogar gegrillt werden. Auch im Winter ist der See, wenn er zugefroren ist, ein beliebtes Ausflugsziel, da man hier Schlittschuh laufen, Pond Hockey spielen oder Eisstock schießen kann.

In der Nähe der Innenstadt befindet sich der große **Wittelsbacher Park** ㉝ mit Sport- und Spielplätzen, außerdem lohnen die **Kahnfahrt** (Ausflugslokal am Wasser und Bootsverleih) und die sich anschließenden Grünanlagen am **Jakoberwall** [E5/F4], der Stadtwall am **Lueginsland** ⑰ oder um das **Rote Tor** ㉖. Direkt in der **Innenstadt** (zwischen Dom und Stadttheater) lädt der **Hofgarten** (s. S. 85) zum idyllischen Päuschen

ein. Nur wenige Schritte entfernt sitzt es sich im **Fronhof** ⑭ ebenso schön unter botanischen Raritäten. Der **Kräutergarten** (s. S. 91) am Stadtwall (nähe Rotes Tor) ist ebenfalls ideal zum Verschnaufen und direkt an der Maxstraße verbirgt sich mit dem **Hof des Schaezlerpalais** ⑤ ein weiteres grünes Kleinod.

Wer Natur pur genießen möchte, ist im 1200 km² großen Areal westlich der Stadt, im **Naturpark Augsburg – Westliche Wälder** (s. S. 108), am besten aufgehoben.

▱ *Der Hofgarten (s. S. 85) ist ein grünes Idyll mitten in der Innenstadt*

Am Puls der Stadt

019ab Abb.: fotolia.com©Hans Peter Denecke

Das Antlitz der Stadt

Fugger und Welser, die Mozarts und Bert Brecht, Römer und Religionsfrieden, Puppenkiste und Zwetschgendatschi – in Augsburg, einer der ältesten Städte Deutschlands, verbirgt sich hinter der Fassade schwäbischer Gelassenheit so manche Überraschung. Stolz auf ihre Vergangenheit, kommt die Stadt auch optisch langsam in der Moderne an.

Das Antlitz der Stadt

Die Stadt liegt im Südwesten Bayerns und ist Hauptstadt des Regierungsbezirks Bayerisch-Schwaben. Nach München sind es auf der A8 oder mit dem Zug nicht einmal 70 km, doch „mental" und sprachlich liegen zwischen beiden Städten Welten. Lange im Schatten der Landeshauptstadt stehend, entwickelt die alte Römer- und Fuggerstadt inzwischen mehr und mehr Stolz und Selbstbewusstsein.

Das **historische Erbe** Augsburgs reicht von der Stellung als römische Provinzhauptstadt über die Funktion als Finanz- und Handelszentrum im Mittelalter bis hin zur Neuzeit mit

einer blühenden Textilindustrie und einem florierenden Brauereiwesen. Zahllose Parkanlagen, der Stadtwald, der Naturpark Westliche Wälder, zwei Alpenflüsse – Lech und Wertach – und unzählige Kanäle prägen das Gesicht der Stadt, in der es angeblich sogar mehr Kanäle und Brücken geben soll als in Venedig. Die besondere Bedeutung des Wassers soll der Stadt daher auch den Status als Weltkulturerbe einbringen (s. S. 60).

Wie eng Augsburg seiner Vergangenheit verhaftet ist, belegt die Skyline der Stadt. Neben den Kirchen – vor allem dem Dom ⓭ im Norden und St. Ulrich und Afra ➏ im Süden – sind es das Rathaus ➊ und der Perlachturm ➋, die das Bild prägen. Nur ein einziger Bau fällt architektonisch komplett aus dem Rahmen: der 1972 erbaute **Hotelturm**, „Maiskolben" genannt und Marina City (1964) von Bertrand Goldberg, einem Bau in Chicago, nachempfunden. Dieser einzige Wolkenkratzer Augsburgs ist ohne Antenne rund 115 m hoch. Mit 86 m verfügt St. Ulrich über den höchsten Kirchturm, der Perlachturm misst 70 m und der Nordturm des Rathauses folgt mit 57 m. Neue Bauten entstehen derzeit konzentriert im Westen der Stadt, wo die bis 1998 von der U.S. Army belegten Grundstücke in neue Wohn-, Geschäfts- und Parkanlagen umgewandelt werden.

Zu den modernen Bauten der Stadt gehören auch die Gebäude des 1988 eröffneten **Messegeländes** im Süden der Stadt nahe der Universität. Neben der bei den Einheimischen beliebten

KURZ & KNAPP

Die Stadt in Zahlen
- **Gegründet:** 15 v. Chr.
- **Einwohner:** ca. 270.000 (Stand: Ende 2012)
- **Bevölkerungsdichte:** ca. 1800 EW/km²
- **Fläche:** 147 km², davon ca. ein Viertel Grünflächen
- **Höhe ü. M.:** 444 bis 562 m
- **Stadtbezirke:** 42, zusammengefasst zu 17 Planungsräumen
- **Stadtfarben:** Rot, Grün, Weiß
- **Stadtwappen:** Rot-weißer Schild mit grüner Zirbelnuss

◁ *Vorseite: Blick vom Perlachturm ➋ auf die Augsburger Altstadt*

afa (Augsburger Frühjahrsausstellung) findet hier mit der Americana auch alle zwei Jahre eine der ungewöhnlichsten Messen Deutschlands statt: Eine Woche lang verwandelt sich die schwäbische Metropole dann in eine Westernstadt. Die Westernreiter treffen sich zu europäischen Meisterschaften und Freizeit-Cowboys und -Cowgirls aus ganz Europa zum Fachsimpeln und Einkaufen.

Der Stadtkern Augsburgs liegt auf einem Hochplateau zwischen den beiden Flüssen Lech und Wertach, die nördlich der Stadt in der Wolfszahnau zusammenfließen. Die **Innenstadt** schließt sich östlich an den Hauptbahnhof und um den nahen Königsplatz **8** („Kö") an. Im **Zentrum** liegt der Rathausplatz, zentrale Verbindungsachse zwischen Dom und **Domviertel** im Norden und St. Ulrich und Afra im Süden ist die Maximilianstraße **4** bzw. deren nördliche Fortsetzung, die Karolinenstraße. Die Fußgängerzone um die Annastraße verbindet Kö und Rathaus und liegt im Zentrum der alten Bürgerstadt.

Östlich der „Maxstraße" befindet sich die tiefer gelegene **Altstadt**. Diese „Unterstadt" gliedert sich in Lechviertel, Ulrichsviertel und Jakobervorstadt (s. S. 93). Der Stadtkern ist noch zum Großteil vom historischen Stadtwall umgeben. Im Südosten der Innenstadt liegt das sehenswerte **Textilviertel**, im Süden befindet sich der Wittelsbacher Park **33** und Göggingen sowie der ausgedehnte Siebentischwald. Weiter im Osten durchschneidet der Lech das Stadtgebiet, jenseits befinden sich die Wohnviertel Firnhaberau und Hochzoll. Im Westen fließt die Wertach, an deren Ostufer das Theolottviertel, am Westufer die beiden Arbeiterviertel Pfersee **34** und Oberhausen liegen.

Von den Anfängen bis zur Gegenwart

Augsburg, von Römern gegründet, gehört zu den ältesten Städten nördlich der Alpen und ist mit über einer Viertelmillion Einwohnern nach München und Nürnberg die drittgrößte Stadt Bayerns. Die ehemalige Reichsstadt ist Verwaltungssitz des bayerischen Regierungsbezirks Schwaben, seit 1970 Universitätsstadt und eine der kulturell bedeutendsten Metropolen Deutschlands. Die Geschichte – v. a. die Fugger und Welser – ist noch heute allgegenwärtig.

Zusammen mit Trier und Kempten gehört das über 2000 Jahre alte Augsburg zu den drei **ältesten Städ-**

⊡ Augsburg wurde bereits von den Römern gegründet

020ab Abb.: mb

ten Deutschlands. Aus einem römischen Militärlager hat sich ein wichtiges Verwaltungszentrum entwickelt, das schon im Mittelalter von seiner Lage am Schnittpunkt bedeutender europäischer Handelswege profitierte. Im 13. Jh. wurde die Handels-, Banken- und Bischofsstadt zur **Freien Reichsstadt**, und das blieb sie fast 500 Jahre lang. Ein Höhepunkt fiel ins 15. und 16. Jh., als die Fugger und Welser aus Augsburg eine Weltstadt machten.

Als **Kunststadt** war Augsburg während der Renaissance und im Spätbarock und Rokoko – letzteres auch „Augsburger Geschmack" genannt – europaweit führend. Nach dem Dreißigjährigen Krieg (17. Jh.) blühten dann das Gold- und Silberschmiedehandwerk sowie die Druckerkunst auf. Zum Ende des 18. Jh. war es die **Textilindustrie** und später der Maschinenbau: Rudolf Diesel entwickelte hier seinen Motor, Carl von Linde baute die erste Kältemaschine und Messerschmitt entwickelte das erste Düsenflugzeug. Augsburg war zum „Manchester Deutschlands" geworden.

Noch heute hält die Traditionsstadt an ihrer Rolle als **Wirtschafts- und Wissenschaftsstandpunkt** und Hort der Kunst und Kultur fest. Die Universitätsstadt ist nach München und Nürnberg zudem Bayerns drittgrößter Wirtschaftsraum und dazu mit dem „Augsburg Innovationspark" Standort wichtiger Technologieunternehmen und Forschungseinrichtungen (u. a. Bayer, Landesamt für Umwelt, Premium AEROTEC, Fraunhofer-Gesellschaft, DLR).

021ab Abb.: mb

▷ *Kaiser Augustus steht auf dem Rathausplatz, hielt sich aber selbst nie in Augsburg auf*

Die Römerstadt

Um 15 v. Chr.: Im Zuge der Inbesitznahme des von den keltischen Vindelicern bewohnten Alpenvorlandes durch römische Truppen, die von Drusus und Tiberius, den Stiefsöhnen des römischen Kaisers Augustus, befehligt wurden, entsteht am Zusammenfluss von Lech und Wertach ein Militärlager.

Anfang 1. Jh.: Aus dem Militärlager entwickelt sich die zivile Siedlung Augusta Vindelicum (der Name Augusta Vindelicorum stammt aus dem 16. Jh.), die unter Kaiser Trajan (98–117) zur Hauptstadt der Provinz Raetia erhoben wird.

121: Kaiser Hadrian (117–138) verleiht der Siedlung das römische Stadtrecht: „Municipium Aelium Augustum". Die römische Staatsstraße Via Claudia Augusta verbindet die Stadt mit Oberitalien und Rom.

259/260: Die germanischen Stämme der Juthungen und Semnonen fallen in Augsburg ein. Ein bei archäologischen Ausgrabungen entdeckter Siegesaltar (im Röm. Museum) feiert den römischen Sieg über die Germanen.

294: Unter Kaiser Diokletian (284–305) wird Raetia in zwei Provinzen aufgeteilt: Raetia Prima mit Chur und Raetia Secunda mit Augsburg als Verwaltungssitz.

304: Bei Christenverfolgungen stirbt mit Afra auch eine Augsburgerin, die im 11. Jh. heiliggesprochen wird, jedoch schon seit dem 6. Jh. verehrt wurde.

Mitte 5. Jh.: Bis zum Rückzug der römischen Verwaltung fungiert Aelia Augusta als Provinzhauptstadt. Während des Übergangs von der spätrömischen Epoche zum frühen Mittelalter bleibt die Stadt weiter bedeutend und es gibt sogar einen Hafen am Lech.

Die Bischofsstadt

778: Der Frankenkönig Karl ernennt Simpert (um 750–807) zum neuen Bischof von Augsburg. Das in den Kämpfen zwischen Franken und Bayern zwischen die Fronten geratene und schwer angeschlagene Augsburg blüht wieder auf. Heute ist Simpert neben Afra und Ulrich der dritte Bistumsheilige.

923: Ulrich (um 890–973), aus dem alemannischen Gaugrafengeschlecht Hubald von Dillingen, wird von König Heinrich I. zum Bischof von Augsburg ernannt.

955: Schlacht auf dem Lechfeld: Südlich der Stadt gelingt es Truppen unter König Otto I. die ungarischen Reiterscharen zu besiegen. Bischof Ulrich, der die lokalen Truppen befehligt, erhält als Dank das Münzrecht für Augsburg und wird fortan als Heiliger verehrt. Nach der Schlacht kümmert er sich um den Wiederaufbau des zerstörten Doms und initiiert weitere Bauprojekte, sodass Augsburg aufblüht.

1065: Bischof Embrico weiht den neuen Dom ein.

1152: Kaiser Friedrich Barbarossa (1122–1190) weilt erstmals in Augsburg. Schon zuvor waren deutsche Kaiser regelmäßige Gäste in der Stadt.

1156: Kaiser Friedrich Barbarossa verleiht Augsburg das Stadtrecht.

Die Reichsstadt

9. März 1276: König Rudolf von Habsburg verleiht Augsburg die Reichsunmittelbarkeit. 1316 wird die Stadt durch König Ludwig den Bayern offiziell zur Freien Reichsstadt erklärt und bleibt es bis 1805/6.

1368: Aufstand der Handwerker, die damit ein Mitspracherecht im Rat der Stadt erwirken. Eine Zunftverfassung entsteht.

1509: Die Fugger-Kapelle in St. Anna entsteht als erster im Renaissancestil gestalteter Raum nördlich der Alpen. 1512–1515 lässt Jakob Fugger „der Reiche" dann die Fuggerhäuser mit dem Damenhof als ersten Renaissancebau nördlich der Alpen errichten.

1511: Martin Luther weilt erstmals in Augsburg.

1516: Jakob Fugger stiftet die Fuggerei als Sozialsiedlung.

1518: Der päpstliche Legat Cajetan verhört Martin Luther anlässlich eines Reichstags in Augsburg.

◁ *Zeugnis der alten Bischofsstadt: ein Denkmal vor dem Dom* ⑬

Von den Anfängen bis zur Gegenwart

1528: Kaiser Karl V. und Bartholomäus V. Welser unterzeichnen einen Vertrag, der den Welsern das heutige Venezuela als Kolonie überträgt. Das Unternehmen scheitert jedoch und 1556 geht Venezuela wieder verloren.

25. Juni 1530: Die Confessio Augustana (Augsburger Bekenntnis) wird auf dem Reichstag zu Augsburg Kaiser Karl V. vorgelegt und gilt seither als Bekenntnisschrift der protestantischen Kirche.

1548: Nach der Niederlage im Schmalkaldischen Krieg entgeht Augsburg (Mitglied des protestantischen Schmalkaldischen Bundes) nur knapp der Zerstörung.

1555: Mit dem Augsburger Reichs- und Religionsfrieden (Pax Augustana) wird die Koexistenz der Konfessionen nach dem Motto „cuius regio, eius religio" („wessen Gebiet, dessen Religion") manifestiert. Augsburger Bürgern wird vom Rat der Stadt freie Religionswahl zugestanden.

1588–1600: Die Stadt „schenkt" sich anlässlich der 1600-Jahrfeier drei Prachtbrunnen: den Augustus-, den Herkules- und den Merkurbrunnen.

1620: Stadtbaumeister Elias Holl stellt das Rathaus fertig. Der Innenausbau dauert noch bis 1624.

1628: Mit etwa 48.000 Einwohnern ist Augburg nach Köln und Nürnberg drittgrößte deutsche Stadt. Nach einer Pest- und Cholera-Epidemie und als Konsequenz des Dreißigjährigen Krieges sind um 1635 nur noch 16.000 Menschen, mehrheitlich Protestanten, übrig.

1632: Während des Dreißigjährigen Krieges (1618–1648) besetzen Truppen des schwedischen Königs Gustav Adolf die Stadt und erobern sie 1635.

1648: Mit dem Westfälischen Frieden endet der Dreißigjährige Krieg und es wird die Parität, die Gleichberechtigung der Konfessionen im Reich, eingeführt.

8. August 1650: Erstmals feiert die protestantische Gemeinde Augsburgs in der Barfüßerkirche das Augsburger Friedensfest, bis heute ein gesetzlicher Feiertag auf Stadtgebiet. Zwei Tage später gibt es ein Kinderfriedensfest, bei dem Rosinensemmeln verschenkt werden. Dieser Brauch hat sich bis heute erhalten.

1689: Gründung der ersten Kattundruckerei

1710: Die Reichstädtische Kunstakademie entsteht und macht die Stadt zu einem der Kunstzentren des Spätbarock und Rokoko.

1719: Leopold Mozart wird in Augsburg geboren. Sein berühmter Sohn Wolfgang Amadeus erblickt in Salzburg das Licht der Welt, ist aber mit Augsburg eng verbunden, da hier sein geliebtes „Bäsle", Maria Anna Thekla, lebt.

023ab Abb.: mb

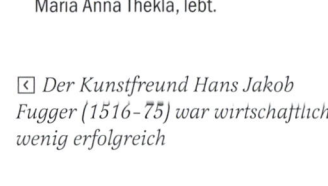

◁ *Der Kunstfreund Hans Jakob Fugger (1516–75) war wirtschaftlich wenig erfolgreich*

1735: Höhepunkt der Gold- und Silberschmiedekunst: An die 275 Gold- und
Silberschmiede befinden sich unter
den ca. 25.000 Einwohnern – mehr als
Bäcker.

1770: Eröffnung des Schaezlerpalais in
Anwesenheit von Marie Antoinette, Erz-
herzogin von Österreich. Im gleichen Jahr
errichtete Heinrich von Schüle den ersten
Kattun-Großbetrieb und leitet damit den
Aufstieg zur Textilmetropole ein.

1799–1801: Augsburg leidet in den Napo-
leonischen Kriegen und wird mehrfach
besetzt. 1805 hält sich Napoleon in der
Stadt auf.

Die Industriestadt

1805/6: Augsburg verliert seine Reichsfrei-
heit und wird ins Königreich Bayern ein-
gegliedert. 1817 erhebt man Augsburg
zur Hauptstadt des Oberdonaukreises
(heute Regierungsbezirk Schwaben).

1836/7: Die Augsburger Kammgarnspinnerei und die erste große Textilfabrik, die
Mechanische Spinnerei und Weberei,
werden gegründet. Bis 1857 entstehen
sechs mechanische Webereien, Augsburg entwickelt sich zum „Manchester
Deutschlands".

1840: Eröffnung der Bahnstrecke zwischen
Augsburg und München. Im gleichen
Jahr Gründung der Sander'sche Maschinenfabrik, aus der 1857 die Maschinenfabrik Augsburg und 1898 die MAN
(Maschinenfabrik Augsburg Nürnberg)
hervorgehen.

1860: Große Teile der Stadtbefestigung
werden geschleift.

1880: Bau der ersten Straßenbahn

1897: Der erste Dieselmotor wird von
Rudolf Diesel in Augsburg entwickelt. Das Patent hatte er schon 1892
eingereicht.

1916: Mit der Eingemeindung von Pfersee,
Lechhausen, Oberhausen, Kriegshaber
und Hochzoll wächst die Stadt auf über
146.000 Einwohner an.

1938: Während der Reichskristallnacht
wird auch die 1917 eröffnete Augsburger
Synagoge beschädigt. Sie wird jedoch
1976 bis 1984 restauriert.

25./26. Februar 1944: Schwere Luftan-
griffe während des Zweiten Weltkriegs
zerstören den Großteil der Altstadt. Insgesamt kommen während des Krieges
9500 Augsburger ums Leben.

Die moderne Stadt

26. Februar 1948: Die Augsburger
Puppenkiste feiert mit dem Stück
„Der gestiefelte Kater" Premiere.

1970: Gründung der Universität. In den folgenden Jahren wächst das Universitätsviertel am südlichen Stadtrand heran.

1972: Während der Olympischen Spiele in
München finden neben den Kanu- und
Kajak-Wettbewerben im Eiskanal auch
Handball- und Fußballspiele in Augsburg
statt. Auch der Hotelturm, Augsburgs
einziger Wolkenkratzer, wird eröffnet. Die
Eingemeindungen der Stadtteile Göggingen, Haunstetten, Inningen und Berg-
heim lässt die Einwohnerzahl auf über
250.000 steigen.

⌂ *Im Augsburger Textilviertel
befindet sich heute auch das tim* **29**

1982: Eröffnung des Zentralklinikums

1985: Anlässlich der 2000-Jahr-Feier der Stadt wird erstmals der „Augsburger Preis zum Friedensfest" zur Förderung interkonfessioneller Gemeinsamkeiten verliehen.

1987: Papst Johannes Paul II. ist zu Gast in Augsburg.

1988: Eröffnung des neuen Messezentrums im Süden der Stadt nahe der Universität

1998: Abzug der letzten US-Truppen, die seit 1945 am westlichen Stadtrand in mehreren Kasernen stationiert waren.

August 2005: Feierlichkeiten zum 450. Jubiläum des Augsburger Religionsfriedens (Pax 2005)

2006: Vier Museen werden wieder- bzw. neu eröffnet: das Maximilianmuseum, das Mozarthaus, das Schaetzlerpalais und das HS – Zentrum für Gegenwartskunst. 2010 folgte das Staatliche Textil- und Industriemuseum tim.

2009: Eröffnung des neuen Fußballstadions südlich der Stadt sowie der neuen Stadtbücherei im Zentrum

2010: Die Augsburg Panther werden Eishockey-Vizemeister – der größte Erfolg des 1878 gegründeten AEV (Augsburger Eislaufverein).

2011: Während der Fußball-WM der Frauen ist Augsburg Austragungsort von vier Partien. Im gleichen Jahr schaffte der FC Augsburg erstmals den Aufstieg in die Fußballbundesliga.

2013: Abschluss der groß angelegten Bauarbeiten am Königsplatz. Die Umbauarbeiten am Hauptbahnhof (u. a. Straßenbahntunnel) sollen noch bis 2017 andauern.

> ▷ *Blick vom Perlachturm über das Rathaus und die zentrale Maximilianstraße Richtung St. Ulrich und Afra* **6**

Leben in der Stadt

Die „Augschburger" sind ein eigenes Völkchen: keine richtigen Bayern, aber auch keine echten Schwaben, irgendwo dazwischen, sprachlich wie kulturell. Hier freut man sich im Herbst auf einen richtigen „Datschi", verehrt einen „Stoinernen Ma", diskutiert mit dem „König von Augsburg" über Gott und die Welt, feiert auf dem „Plärrer", zittert mit FCA und AEV – und zählt Jim Knopf, das Urmel oder Bill Bo zu seinen Idolen ...

Keiner hat die **typisch „Augschburger" Charakterzüge** besser dargestellt als Benno Plabst. In seinen Geschichten verkörpert der Herr Plimm (s. S. 116) den typischen Augsburger: Skeptiker, Grantler und Pessimist in einer Person, für den „Basst scho" der vielleicht leidenschaftlichste Ausspruch ist. Selbst wenn die Augsburger einmal aus dem Häuschen sind – besonders, wenn FCA oder AEV gewinnen –, werden noch im Jubel die ersten skeptischen Stimmen laut. Fremden gegenüber mag der Augsburger zunächst eher ver-

025ab Abb.: fotolia.com©Jens Hilberger

schlossen erscheinen, aber einmal aufgetaut, ist man gastfreundlich. Doch Vorsicht: Hinter dem Grantler verbirgt sich oft ein Schelm, der Späßchen über alles liebt.

Augsburg sitzt nicht nur gefühlsmäßig zwischen den Stühlen, die Stadt am Zusammenfluss der beiden Gebirgsflüsse Lech und Wertach liegt auch **geografisch** zwischen Schwaben und Oberbayern und der Lech gilt als Sprachgrenze. Auch die politische Isolation als Freie Reichsstadt und zugleich als religiös paritätische Stadt hat für eine Sonderstellung gesorgt.

Augsburg fühlte sich schon immer dem Süden, sprich Italien, verbunden. Man galt in den Augen der Nachbarn als „**italienischer Außenposten**". Gegründet von Römern, reich geworden durch die Handelsverbindungen der Fugger und Welser mit Italien und bekannt wegen dreier vom Papst in Rom zu Heiligen erklärten Persönlichkeiten – Afra, Simpert und Ulrich –, verwundert das wenig. Dazu entstanden hier die ersten Renaissancebauten nördlich der Alpen und der „pyr" im Stadtwappen, die Zirbelnuss, geht auf das Feldzeichen der römischen Legionen zurück. Gemeint ist damit der Zapfen der Zirbelkiefer, die lokal jedoch nicht wächst – in Augsburg und Umgebung gedeihen nur Waldkiefern. Da jedoch „Zirbelnuss" anscheinend besser klang als „Kiefernzapfen" übernahm man sie ins Stadtwappen. Die größte Zirbelnuss befindet sich auf der Rathausspitze, ist aus Bronze und 4 m hoch.

Als sich Bayern die freie Reichsstadt 1806 – unter Mithilfe Napoleons – einverleibt hatte, versank die schwäbische Metropole im Dornröschenschlaf, aus dem sie nur langsam erwachte. Inzwischen jedoch haben die „Datschiburger" ihren Minderwertigkeitskomplex abgelegt und sind stolz auf ihre historisch und kulturell bedeutende Heimatstadt. Ausgerechnet die jüngsten Erfolge der lokalen Sportvereine – die Eishockey-Vizemeisterschaft 2010, der Aufstieg der Fußballer in die zweite und 2011 sogar in die erste Bundesliga sowie (zwar weniger bekannt aber ebenso wichtig) der zweimalige Titelgewinn des Skaterhockeyteams TVA 2011 und 2012

– haben der Stadt ihr **Selbstbewusstsein** zurückgegeben. Mit der Neugestaltung des zentralen Königsplatzes scheint zudem erstmals der Spagat zwischen historischem Erbe und Moderne zu gelingen. Da fehlen selbst dem ständig nörgelnden „Augschburger", der Neuerungen bislang eher skeptisch gegenüberstand, die Worte.

Bekannt ist Augsburg als Heimat von Bertold Brecht, Leopold Mozart und der Augsburger Puppenkiste. Hier waren mit den Fuggern und Welsern die ersten großen Handelshäuser und Großkapitalisten beheimatet, die einst das ganze Kaiserreich und damit Europa mitfinanzierten. Zudem ist Augsburg die einzige Stadt weltweit mit einem **eigenen Feiertag**, dem Friedensfest, das an die besondere Rolle der Stadt bei der Aussöhnung der Religionen erinnert.

Seit 1970 ist Augsburg **Universitätsstadt.** Der moderne Campus im Süden des Zentrums, heute von über 18.000 Studenten frequentiert, war 1977 bezugsfertig und wird seither ständig ausgebaut. Das Areal ist parkartig angelegt, mit Kunst ausgestattet und dient den Anwohnern als Erholungsareal. Die ursprünglichen Schwerpunkte waren die Rechts- und die Wirtschafts- und Sozialwissenschaften. Der Katholisch-Theologische Fachbereich folgte 1971, 1972 kamen die Erziehungswissenschaften und Philosophische Fachbereiche hinzu. 1981 wurde die Mathematisch-Naturwissenschaftliche Fakultät ergänzt, 2003 folgten eine Fakultät für Angewandte Informatik und weitere, auch fakultätsübergreifende Institute wie Kanada- und Lateinamerika-Studien, Europäische Kulturgeschichte, Material- und Umweltforschung oder Forum Ost.

Zudem gibt es in Augsburg die **Fachhochschule** mit derzeit sieben Fakultäten aus den Bereichen Architektur und Design, Ingenieurwesen, Informatik und Multimedia sowie Wirtschaftswissenschaften. Rund 5000 Studenten studieren an zwei stadtnahen Standorten: dem Campus am Brunnenlech und jenem am Roten Tor auf dem Gelände der ehemaligen Schüleschen Kattunfabrik.

1997 wurde Augsburg im europaweiten Wettbewerb „Entente Florale" zur **„grünsten und lebenswertesten Stadt Europas"** gekürt und „Grün" ist tatsächlich Augsburgs Farbe: Etwa 25 % des ca. 147 km² großen Stadtgebiets bestehen aus Grünanlagen, die sogar großteils unter Naturschutz stehen und als Trinkwasserschutzgebiet ausgewiesen sind. Der etwa 4900 ha umfassende Stadtwald im Süden des Zentrums zählt zu den artenreichsten Naturschutzgebieten Bayerns.

Das Thema **Stadtpolitik** ruft derzeit vor allem Stirnrunzeln hervor. Vorbei sind die Zeiten, in denen die SPD die Geschicke der Stadt lenkte und Persönlichkeiten wie Hans Breuer zwischen 1972 und 1990 das Amt des Oberbürgermeisters bekleideten. Nach Peter Menacher (1992–2000) stellt die CSU nach der letzten Kommunalwahl 2008 mit Kurt Gribl wieder den OB. Hans Breuer war übrigens der am längsten amtierende OB der deutschen Nachkriegszeit. Er trug u. a. wesentlich dazu bei, dass sich der Blick nach vorn richtete, die Universität gegründet, das Zentralklinikum und die neue Messe gebaut wurden. Großen Anteil an der Entschärfung sozialer Konfliktherde hatte damals z. B. die **Bürgeraktion Lechviertel**, deren Ziehkind Kresslesmühle (s. S. 35) zum Vorreiter für multikulturelles Leben wurde. Die „Mühle" wurde als erstes Haus im Viertel saniert und in ein Bürgerzentrum, eine Kabarettbühne und eine vielseitige Kulturstätte umgewandelt. Auch dem Ulrichsviertel, das sich heute idyllisch-romantisch präsentiert, verhalf bürgerliches Engagement zu mehr Attraktivität und derzeit ist das Domviertel im Begriff, nachzuziehen. Dort soll das „Grandhotel Cosmopolis" (s. S. 34) als Antriebsfeder für Kulturleben und ethnisches Miteinander dienen.

Kunstmetropole mit südlichem Flair

Besonders wenn in Augsburg **Föhn** herrscht, scheint der Süden nicht weit entfernt zu sein. Wenn ein Hochdruckgebiet die warmen Luftströme über die Alpen drückt, ist die Sicht einzigartig, die Berge sind zum Greifen nah, die Luft ist lau und fast „südlich" – und der „Augschburger" grantelt. Schuld an der miesen Stimmung

„Mr schwätzad andrsch" – Augsburger Schwäbisch

Typisch für den lokalen Dialekt, der irgendwo zwischen Schwäbisch, Oberbayerisch und dem Lechrainisch angesiedelt ist, ist das „sch", das zumeist das „s" ersetzt, z. B. in Augschburg, Boschbod (Postbote) oder Schdoi (Stein). Zudem werden harte Konsonanten weich gesprochen und das „e" am Wortende oft weggelassen (Has/Hase, Was/Vase), nicht so aber bei Küche: Die heißt „Kuche". Das „sch" dient auch der Verkürzung: woisch (weißt du), moinsch (meinst du) oder hosch (hast du). Manchmal wird ein -en am Wortende zum -a, so gibt es Bloama (Blumen) oder Gurga (Gurken). Net (nicht) und gell (nicht wahr) sind ebenso typisch Augsburgerisch wie folgende Wörter:

a bissle – ein bisschen
arg – wird häufig als Steigerung im Sinn von „sehr" gebraucht *(schmeggd arg guad, isch arg duier)*
Bagasch – Gesindel, vom franz. *bagage* abgeleitet
Bazi – kleiner Gauner oder Lausbub
biesln – urinieren
d'r hoim – zu Hause
Dibbl – Dummkopf
Droddoar – Gehsteig, vom franz. *trottoir*
Glump – Ware schlechter Qualität
Gosch – Mund („Halt die Gosch!")

Griasdi, Griasdseich – das schwäbische Hallo (Grüß' dich, Grüßt' euch)
Griffl – Finger („Nimm d'Griffl weg!")
Gruzifünferl (gruzzefümfal) – Unmutsausruf, ähnlich (politisch nicht korrekt): *Gruzitürken*
Gschieß – viel Getue um nichts
Heilig's Blechle – Ausdruck von Überraschung
hudln/hudla – eilen/schnell, überhastet („Nur net hudla.")
Loaß – eigentlich Sau, aber auch Schimpfwort im Sinne von Dreckbär (Steigerung ist *Dreggloaß*)
Loimsiader – Langweiler (eigentl. „Leimsieder")
Lugabeidl – Lügner
narrad – wütend, verärgert („Bisch narrad?")
Obacht – Achtung
omms varregga net – überhaupt nicht (absolute Ablehnung)
pressiern/pressiera – eilig sein, unter Druck („Jetzt pressierts arg!")
radschn/ratscha – sich (belanglos) unterhalten
Sauschdall – Unordnung
scheps – schief
Schtrossaboh (Dramboh) – Straßenbahn
Trumm/Drumm – etwas Großes

026ab Abb.: mb

ist eben dieser Föhn, der sich schwer „auf den Kopf legen" kann ...

Augsburgs Hang zum Süden ist auch im Stadtbild präsent – wenn auch die Zerstörungen im Zweiten Weltkrieg und der anschließende Wiederaufbau ihre Spuren hinterlassen haben. Der enge Kontakt der Handelshäuser zu Italien führte einst dazu, dass Bauten, Plätze und Innenhöfe im italienischen Renaissancestil entstanden. Gerade das Rathaus steht exemplarisch, ist aber auch als politisches Statement zu verstehen: Die Bürger wurden damit auf eine Stufe mit dem Klerus gestellt, war doch das Rathaus als Pendant zum Dom weithin sichtbar.

Die **Verbindungen zu Italien**, besonders zu Venedig als Brücke zum Orient, brachten teure Gewürze, Seide, Baumwolle und Wein in die Stadt und ließen Augsburg zum Tor nach Nord- und Osteuropa werden. Importierten die reichen Augsburger zunächst Kunstwerke für ihre Privathäuser,

entwickelte sich Augsburg ab dem 17. Jh. selbst zu einem **bedeutenden Kunstzentrum.**

Hier hielten die Kunst der Renaissance und des Barock mit Künstlern wie Matthias Kager (1575–1635), Johann Rottenhammer (1564–1625) oder dem Stadtbaumeister Elias Holl (1573–1664) früher Einzug als in anderen Gegenden Süddeutschlands. Während der Dreißigjährige Krieg das Ende vieler europäischer Wirtschaftsmetropolen bedeutet hatte, entwickelte sich die Freie Reichsstadt zu einem **Zentrum des Luxusgewerbes,** in dem neben Gold- und Silberschmiedehandwerk auch die Herstellung von Druckgrafiken einen Höhepunkt erreichte. Gleichzeitig setzte ein Zustrom auswärtiger Künstler ein: Zwischen 1650 und 1680 hielt sich mit Hans Ulrich Franck, Johann Ulrich Mayr, Joachim von Sandrart, Johann Heinrich Schönfeld und Joseph Werner d. J. nahezu die gesamte Elite der süddeutschen Barockmalerei in Augsburg auf.

Augsburgs Musikszene

*Augsburgs Musikszene ist untrennbar mit dem Namen **Roy Black** (1943–1991) verbunden. Der legendäre Schlagersänger hatte als Gerhard Höllerich im südlichen Vorort Bobingen-Straßberg das Licht der Welt erblickt. Zunächst vor allem in den US-Kasernen der Stadt mit einer Coverband unterwegs, gelang ihm 1966 mit dem Titel „Ganz in Weiß" der Durchbruch als Schlagerstar. 1991 an Herzversagen gestorben, ist sein Grab in Straßberg bis heute eine Pilgerstätte der Schnulzenfans.*

*Doch die Augsburger Musikszene bietet mehr: vom Punk der seit den 1980er-Jahren die Bühnen unsicher machenden Band **Impotenz** über die bekannte Rock-Folk-Band **The Seer** oder die 1998 entstandene Popband **Nova International** bis hin zur 1999 gegründeten Indie-Band **Anajo** um Oliver Gottwald, Michael Schmidt und Ingolf Nössner aus dem südlichen Stadtviertel Haunstetten. Aber*

*auch die Jazzgröße **Wolfgang Lackerschmid** (geboren 1956) wohnt in Augsburg und adelt mit einem kostenlosen Konzert mit Musikern aus aller Welt jedes Jahr das Friedensfest.*

*Als **Boy Miez Girl** begeistern Miriam „Miez" Blum, Johannes Wagner, Tom Eckelmann, Jakob Werlitz und Daniel Hatvani seit 2009 ihre Fans mit einer Mischung aus Folk und Pop. Newcomer in der Szene sind **Arising Fear** (Heavy Metal), das Quartett **Denkmal** (Akustik- und Deutschrock) und **The Lions Dance** (Indie-Pop). Ebenfalls derzeit angesagt ist die **Band Müller** und die **Stoinerne Männer** machten im Herbst 2011 mit ihrem Youtube-Hit „Ja woisch" von sich reden. Schwäbischen Rock und Pop bietet **Hoi'ga:dœ**, eine dreiköpfige Band aus Gersthofen.*

*Nicht zuletzt ist ein bekannter Musikjournalist, DJ und Schriftsteller seit 1991 in Augsburg daheim: **Franz Dobler** (geboren 1959), der gelegentlich auch in lokalen Kneipen auftritt.*

1674 entstand mit Joachim von Sandrarts Privatakademie der Vorgänger der 1710 neu gegründeten **Reichsstädtischen Kunstakademie,** die sich zur bedeutendsten künstlerischen Ausbildungsinstitution im Süden Deutschlands entwickelte. Sie wurde ab 1710 paritätisch von einem evangelischen und einem katholischen Direktor geleitet, bei denen es sich stets um bedeutende Künstler aus der Stadt handelte.

◁ *Eine grüne Oase zum Verschnaufen ist der Innenhof des Schaezlerpalais* ❺

Stadt des Friedens

Böse Zungen behaupten, dass am **8. August,** wenn die Stadt das Friedensfest begeht, die Augsburger ins Umland oder nach München fahren, um ausgiebig zu shoppen. In den letzten Jahren wuchs jedoch die Zahl derer, die sich aktiv an den Festlichkeiten beteiligen. Sie beginnen schon Wochen vorher mit diversen Veranstaltungen, u. a. im Rahmen des „Festivals der Kulturen", und enden mit einem gemeinsamen Gastmahl aller Bürger auf dem Rathausplatz sowie einem Konzert. Das Fest geht auf den 8. August 1650 zurück, als die evan-

Augsburger Persönlichkeiten

> **Afra** (Tod um 304). Augsburgs Stadtheilige starb während Christenverfolgungen den Feuertod. Sie wird in der Stadt seit dem 6. Jh. verehrt (St. Ulrich und Afra ⑥)

> **Ulrich** (890–973). Der Bischof von Augsburg ging 955 als Sieger der Schlacht vom Lechfeld gegen die Ungarn, aber auch als weitsichtiger Stadtherr in die Geschichte ein. Bereits im Jahr 993 wurde er heiliggesprochen.

> **Agnes Bernauer** (1410–1435). Die Baderstochter heiratete – nicht standesgemäß – Herzog Albrecht III. und wurde deshalb auf Befehl von dessen Vater in der Donau ertränkt.

> **Hans Holbein d. Ä.** (1465–1524) gilt als der erste bedeutende Maler aus Augsburg zwischen Spätgotik und Renaissance und übte mit seiner eigenen Schule großen Einfluss aus. Sein Sohn **Hans Holbein d. J.** (1497–1543) entwickelte sich zu einem der bedeutendsten Porträtmaler Europas.

> **Konrad Peutinger** (1465–1547) war einer der führender Politiker der Stadt, Antikenforscher und Sammler sowie Stadtschreiber. Die spätantike Europakarte „Tabula Peutingeriana" ist nach ihm benannt.

> **Bartholomäus V. Welser** (1484–1561), zwischen 1519 und 1551 Chef eines der größten Handels- und Bankhäuser in Europa, setzte sich 1519 für die Wahl Karls V. zum deutschen Kaiser ein. Lohn dafür waren die Nutzungsrechte der Kolonie Venezuela. Sein Sohn **Bartholomäus VI. Welser** (1512–

1546), der zusammen mit Philipp von Hutten 1540 in den südamerikanischen Urwald aufgebrochen war, kam um und auch weitere Expeditionen scheiterten. 1556 ging die erste deutsche Überseekolonie verloren.

> **Jakob Fugger** (1459–1525). Unter seiner Ägide entwickelte sich das Familienunternehmen zum mächtigsten europäischen Handels- und Bankhaus. Der „deutsche Medici", der sich selbst als „Mann der neuen Zeit" sah, war nicht nur kunstinteressiert, sondern auch ziemlich geldgierig. Sein Reichtum sorgte dafür, dass die Kaiser Maximilian I. und Karl V. auf ihn als Finanzier angewiesen waren. Gleichzeitig galt er aber auch als „altmodisch", gottesfürchtig und fromm und war ein Gegner der Reformation. Er wurde von Kaiser Maximilian 1511 in den Adelsstand erhoben, erhielt Ehrungen und machte sich durch Stiftungen wie die Fuggerkapelle oder der Fuggerei beliebt. Da seine Ehe mit Sibylla Fugger kinderlos blieb, gingen seine Firma und sein Erbe an seine Neffen Raymund und **Anton Fugger** (1493–1560). Letzterem gelang es, das Vermögen zu verdoppeln. Er gilt deshalb als einer der reichsten Männer der Weltgeschichte. Mit seinem Tod endete die Ära der Fugger.

> **Elias Holl** (1573–1646). Der Sohn eines Architekten reiste bereits 1600 zu Studienzwecken nach Italien und wurde ein Jahr später „Stadtwerkmeister" (Stadtbaumeister). Seine Bauten (u. a. Stadtmetzg, Zeughaus, Neuer Bau, Gymnasi-

um bei St. Anna, Stadttore) prägen bis heute das Stadtbild und das Rathaus gilt als bedeutendste Renaissance-Schöpfung nördlich der Alpen.

〉 *Johann Evangelist Holzer (1709-1740). Einer der herausragenden Freskomalern der Stadt, ging beim Augsburger Akademiedirektor Johann Georg Bergmüller in die Lehre.*

〉 *Johann Georg Leopold Mozart (1719-1787). Der Musiklehrer und Hofmusiker wurde weniger wegen seiner „Violinschule" berühmt, sondern als Vater von Wolfgang Amadeus Mozart.*

〉 *Johann Heinrich Schüle (1720-1811) eröffnete 1759 die erste Kattundruckfabrik in der Stadt.*

〉 *Georg Haindl (1816-1878) gründete 1849 mit F. Pustet eine Papierfabrik in der Stadt. Diese wurde zur größten Zeitungspapierfabrik Europas.*

〉 *Rudolf Diesel (1858-1913) entwickelte bei der MAN in Augsburg zwischen 1893 und 1897 den nach ihm benannten Motor.*

〉 *Eugen Berthold Friedrich „Bert" Brecht (1898-1956). Als Sohn eines kaufmännischen Angestellten in Augsburg geboren, studierte Brecht in München, zog nach ersten Erfolgen als Dramatiker nach Berlin und lebte zeitweise in den USA. Seine Heimatstadt hatte lange ein schwieriges Verhältnis zu ihm. Er galt als Bürgerschreck und Kommunist. Neben dem Brechthaus* 🄴 *gibt es Brechttouren (s. S. 124), einen Brecht-Raum in der Buchhandlung am Obstmarkt (s. S. 21) und das Brechtfestival (s. S. 12).*

〉 *Wilhelm Messerschmitt (1898-1978). Der Flugzeugbauer zog mit seiner Fabrik 1927 nach Augsburg und entwickelte hier den ersten Düsenjet. Heute ist die Firma unter dem Namen AEROTEC (EADS-Tochter) in Augsburg ansässig.*

〉 *Curt Frenzel (1900-1979), Herausgeber der Augsburger Allgemeinen, wurde als Förderer des lokalen Eishockeys und Initiator des Baus des nach ihm benannten Eisstadions berühmt.*

〉 *Gebhard Weigele und Johann Sulzberger, zwei Tüftler und Ingenieure aus dem westlichen Vorort Neusäß, nahmen am 8. August 1962 in Augsburg die erste automatische Waschanlage Deutschlands (Auf dem Kreuz) in Betrieb. Sie wurde als „Wesumat"-Autowaschanlagen patentiert. 2000 fusionierte man mit einer anderen Firma zur WashTec AG.*

〉 *Helmut Haller (1939-2012), weltberühmter Fußballer aus Augsburg, wurde mit der deutschen Nationalmannschaft 1966 Vizeweltmeister, spielte 1962 bis 1973 in Italien (FC Bologna, Juventus Turin) und kehrte 1973 bis 1976 zum FCA zurück, wo er 1948 seine Karriere begonnen hatte.*

〉 *Erhard Wunderlich (1956-2012) galt in den späten 1970er- und 1980er-Jahren als Spitzen-Handballspieler (1978 Weltmeister, 1984 Silbermedaillengewinner bei den Olympischen Spielen). Mit dem VFL Gummersbach holte er zahlreiche Titel und 1999 wurde er zum „Handballspieler des Jahrhunderts" gewählt.*

gelische Gemeinde ein Fest zu Ehren des zwei Jahre zuvor geschlossenen Westfälischen Friedens feierte. Damit war nicht nur der Dreißigjährige Krieg beendet, sondern es wurde auch die Parität von Protestanten und Katholiken für immer manifestiert.

Schon 1511 war **Martin Luther** in der Stadt gewesen und 1518 beim Reichstag hatte er sich in einem Verhör gegenüber dem päpstlichen Abgesandten Cajetan – dem Verfasser der Ablasslehre – zu verteidigen. Luther floh vor der drohenden Verhaftung aus der Stadt. Im bischöflichen Palais – heute dem Palais Fronhof – wurde 1530 Kaiser Karl V. die **Confessio Augustana**, das protestantische Gründungsmanifest, vorgetragen und 1555 wurde der **Augsburger Religionsfriede** unterzeichnet.

Die bedeutende Rolle Augsburgs als **Friedensstadt und Ort der Toleranz** zwischen unterschiedlichen Konfessionen und Völkern offenbart sich heute auch in ihrer **Bevölkerungsstruktur:** Von den knapp 270.000 Einwohnern sind beinahe 17 % Ausländer und etwa 41 % haben Migrationshintergrund. Damit ist Augsburg eine der ethnisch buntesten Städte in Deutschland. Die beiden größten Gruppen bilden Türken bzw. türkischstämmige Augsburger sowie Aussiedler aus der ehemaligen Sowjetunion. Weitere größere Volksgruppen stellen die Rumäniendeutschen, Polen, Asiaten sowie Zugereiste aus dem ehemaligen Jugoslawien. Insgesamt leben derzeit Menschen aus über 150 Ländern in der Stadt. Was die **Konfessionen** angeht, stellen die Katholiken mit fast 46 % die Mehrheit. Rund 17 % der Augsburger sind evangelisch und der Rest gehört anderen Glaubensrichtungen (Islam, Buddhismus, Judentum) oder keiner Kirche an.

Tourismus

Über 350.000 Besucher sollen sich jährlich in Augsburg einfinden und rund 610.000 Übernachtungen werden verbucht. Die meisten Touristen kommen aus Deutschland (etwa 250.000), gefolgt von Italienern (über 11.000), die das südliche Flair der Stadt schätzen. Größere Gruppen kommen noch aus den Niederlanden, aus Österreich und der Schweiz sowie aus Frankreich und den USA. Die Japaner streifen die Stadt meist nur kurz auf ihrer Fahrt auf der Romantischen Straße zwischen Rothenburg und den Königsschlössern.

Unter **Augsburgs Museen** stehen mit jeweils über 100.000 Besuchern pro Jahr Schaezlerpalais, Maximilianmuseum und tim in der Beliebtheitsskala ganz oben. Topattraktionen sind jedoch der Zoo (mit fast 600.000 Besuchern) und der Botanische Garten (über 200.000 Besucher). Ebenfalls sehr beliebt ist die Puppenkiste (über 91.000 Besucher).

Augsburger Braukunst

Es ist eines der unumstößlichen Nahrungsmittelgesetze: das Bayerische Reinheitsgebot für Bier, das 1516 erstmals schriftlich fixiert wurde. Kaum jemand weiß jedoch, dass in Augsburg schon **1156 ein Reinheitsgebot** für die lokalen Brauereien erlassen wurde. Es war Teil des unter Kaiser Friedrich Barbarossa entstandenen Stadtrechts und gilt damit als „erstes Verbraucherschutzgesetz" Deutschlands.

Augsburg war von jeher eine **Hochburg des Bierbrauens**, eine frühe Regulierung des Qualitätsstandards ist bereits für 1143 beurkundet. 1368 entstand eine erste Brauereizunftverfassung und um 1528 gehörten der Zunft schon 145 Braumeister an. 1579 wurde eine „Biergeschau" als Qualitätskontrolle eingeführt und 1869 sogar eine der ersten Brauschulen gegründet. Dass ausgerechnet in der Maschinenfabrik Augsburg 1873 Karl Linde das Kühlsystem entwickelte und die Riedinger Maschinen- und Bronzewarenfabrik Kühlanlagen herstellte, war eng gekoppelt mit der Blütezeit der lokalen Brauereien.

Auch die Tatsache, dass in Bayern **Biergärten** eine so wichtige Rolle spielen, hängt mit einem Gesetz von 1812 zusammen, das den Bierausschank außerhalb der Gasträume erlaubte. So finden sich heute noch viele Biergärten in Augsburg, wohingegen die **Zahl der Brauereien** erheblich zurückgegangen ist. Das Handtuch warfen beispielsweise Bürgerbräu (1877–1990), die Goldene Gans mit beliebtem Braustüble (vor 1346–2009) und Fortuna Bräu (1804–1975, danach zu Hasen-Bräu gehörig). Augusta Bräu, seit 1488 in der Jakobervorstadt ansässig und Bierlieferant für die Jakober Kirchweih, ist 2010 dazu übergegangen, sein Bier von der Unterbaarer Brauerei (im Norden Augsburgs) brauen zu lassen.

027ab Abb.: mb

Noch in Augsburg gebraut wird lediglich von Riegele, Thorbräu, König von Flandern und Hasen-Bräu. Vor allem die Biere der **Riegele Brauerei** (s. S. 26) gehören zu den besten der Welt und haben schon zahlreiche Auszeichnungen erhalten. Das Commerzienrat Riegele Privat wurde beispielsweise 2010 zum „Bier des Jahrzehnts" gewählt und 2012 zeichnete man das Riegele Aechte Dunkel mit dem European Beer Star zum besten Dunkelbier der Welt aus.

Seit 1582 wird bei **Thorbräu** (s. S. 26) am Altstadtrand nahe dem Wertachbrucker Tor gutes Bier produziert, besonders das dunkle Kellerbier und das Biobier „Celtic" sind beliebt. Zudem hat sich die Brauerei mit dem von ihr veranstalteten Wertachbrucker-Thor-Fest einen Namen gemacht. Im Keller des historischen Bader-Hauses schließlich, wo einst

△ *Brauerei mit Tradition: Hasen-Bräu betreibt in der Kälberhalle* **30** *eine kleine Hausbrauerei* ein Kolonialwarenladen Spezereien aus aller Welt feilbot, wurde 1988 die Gasthausbrauerei **König von Flandern** (s. S. 26) eröffnet. Spezialität – und nur im Haus ausgeschenkt – ist das naturtrübe Drei-Heller-Bier.

1464 wurde **Hasen-Bräu** von Ulrich Alpershofer gegründet und entwickelte sich in den 1920er-Jahren zur größten Brauerei der Stadt. Seit ein paar Jahren gehört man zu Tucher Bräu (die wiederum Teil der Radeberger Gruppe, einer Tochter der Oetker-Gruppe, ist) und in Nürnberg wird auch das Gros des Biers gebraut. Als kleinen Ersatz eröffnete Hasen 2011 eine kleine Gasthausbrauerei in der historischen Kälberhalle **30**, die als Spezialität ein ausgezeichnetes Kellerbier braut.

☑ *Augsburg gilt als Stadt der Kanäle und Wasserwirtschaft spielte hier schon immer eine große Rolle*

028ab Abb.: mb

Wird Augsburgs Wasserwirtschaft Welterbe?

Was haben die Prachtbrunnen an der Maximilianstraße, die Wassertürme am Roten Tor, der Hochablass und die zahlreichen Kanäle in der Altstadt gemeinsam? Sie legen alle Zeugnis von der historischen Augsburger Wasserwirtschaft ab, mit der sich die Stadt nun um Aufnahme in die Welterbeliste der UNESCO bewirbt.

Wasser und Augsburg sind untrennbar verbunden. Während den Einheimischen die vielen Kanäle und Brücken schon gar nicht mehr auffallen, staunt der Besucher, der durch die Gassen der Altstadt schlendert, und mag gerne glauben, dass es hier mehr Kanäle geben soll als in Venedig. Ohne all die Wasserläufe in Augsburgs Altstadt wäre das prunkvolle Leben der Patrizier in der Oberstadt ebenso wenig möglich gewesen wie das wirtschaftliche Aufblühen der Stadt als Kunsthandwerks- und Textilmetropole.

Im Sommer 2012 reichte die Stadt daher eine „Interessenbekundung zur Aufnahme in die Welterbeliste" der UNESCO mit dem Titel „**Wasserbau und Wasserkraft, Trinkwasser und Brunnenkunst**" ein. Ehe sich die UNESCO mit dem Augsburger Antrag beschäftigen wird, muss erst die Kultusministerkonferenz 2015 eine „Tentativliste Deutschlands" abgeben, sodass die endgültige Entscheidung nicht vor 2017 fallen wird. Doch schon jetzt sind sich Fachleute einig, dass Augsburg auf dem Gebiet der historischen Wasserwirtschaft welterbewürdig ist. Gute Chancen rechnet man sich auch deshalb aus, weil sowohl das Thema Wasserwirtschaft als auch das Thema Industriekultur bis-

Wird Augsburgs Wasserwirtschaft Welterbe?

029ab Abb.: mb

her auf der UNESCO-Liste eher selten zu finden sind.

Die **Wurzeln der Wasserwirtschaft** in Augsburg reichen in die Römerzeit zurück. Spuren 2000 Jahre alter Wasserkanäle wurden bei archäologischen Grabungen auf dem Stadtgebiet gefunden. Vom 8. Jh. an entstand dann das Netz der noch sichtbaren **Lech- und Wertachkanäle,** die heute fast 90 km Länge umfassen. Die beiden Alpenflüsse Lech und Wertach speisen das verzweigte Kanalsystem ebenso wie sie zahlreiche Wasserkraftwerke betreiben. Mit über 20 Stauwerken und 26 Stauseen ist der **Lech** jedoch längst kein „wilder" Fluss mehr, vielmehr dient er im Alpenvorland als wichtige Energiequelle und Freizeitareal. Im Stadtgebiet wird derzeit der Bau eines weiteren Stauwerks diskutiert, mit dem einhergehend jedoch der Lech zumindest im Stadtareal wieder renaturiert werden soll.

Die mit dem Wasser verknüpften **baulichen Hinterlassenschaften** reichen geografisch vom **Hochab-**lass bis zu den frühen Wasserkraftwerken in der Wolfzahnau und dem **Lechkanal** nördlich von Augsburg zwischen Gersthofen und Meitingen. Hier entstand bei der Ortschaft Langweid 1907, etwa 15 km nördlich von Augsburg gelegen, das sehenswerte **Wasserkraftwerk Langweid.** Wie das Bauwerk eindrucksvoll belegt, hat die seit 500 Jahren technisch hoch entwickelte Wasserwirtschaft der Stadt sehenswerte Architektur-, Technik- und Kunstdenkmäler hervorgebracht: vom spätmittelalterlichen Wasserwerk über die Brunnenkunst der Renaissance bis eben zu diesem Wasserkraftwerk.

◹ *Der Hochablass im Süden der Stadt ist ein Stauwehr am Lech, von dem aus Wasser in die Altstadt geleitet und verteilt wird*

Wird Augsburgs Wasserwirtschaft Welterbe?

Wenn auch die drei Prachtbrunnen an der Maxstraße als Renommierprojekte der reichsstädtischen Fließwasserversorgung bis heute Aufmerksamkeit erregen, sind es die **Wassertürme** am Roten Tor **26**, die Augsburgs historische Wasserwirtschaft am besten vor Augen führen und immerhin bis Ende des 19. Jh. in Betrieb waren. Drei der fünf Wassertürme der Stadt befinden sich hier am Roten Tor und sie erreichten eine Druckhöhe von 25 bis 28 m. Da Augsburg nur wenig Gefälle aufweist, waren Wasserhebeanlagen und Pumpen nötig und auch diesbezüglich stellen die Türme am Roten Tor eine Besonderheit dar: Der Doppel-Wasserturm direkt neben dem Roten Tor und der nahe gelegene Spital- oder Kastenturm in der Ostmauer des Heilig-Geist-Spitals waren mit den fortschrittlichsten Maschinen der damaligen Zeit ausgestattet.

Die Türme waren über Festungstürmen aus dem Mittelalter erbaut worden und zu ihren Füßen liegen der Werkhof mit dem sogenannten Unteren Brunnenmeisterhaus, das heutige Schwäbische Handwerkermuseum (s. S. 39), und dem Oberen Brunnenmeisterhaus. Das Wasser wurde aus den Kanälen in die höher gelegenen Reservoirs in den Türmen gepumpt. Von dort floss es dann durch Leitungen in die Stadt und versorgte Brunnen und Haushalte. Im 18. Jh. maß das Röhrensystem der städtischen Wasserversorgung Augsburgs 36 km.

Das Ensemble am Roten Tor belegt neben technischer Meisterschaft auch Geschmack, denn abgesehen von verschiedenen Baukörpern wie Hexagon, Oktogon, Kubus und Zylinder tritt hier der Baustil der Renaissance, den besonders Stadtbaumeister Elias Holl geprägt hat, deutlich zutage. Die Wassertürme sind ein Beleg dafür, dass auch Zweckbauten architektonische Meisterwerke sein können.

❯ Weitere Infos zum Weltkulturerbe-Antrag finden sich unter www.augsburg.de (Menüpunkt „Kultur", dann „Projekte").

❯ Das **Wasserwerk am Hochablass 38** (Am Eiskanal 48) und die Wassertürme können zu bestimmten Terminen (wie der Tag des offenen Denkmals) besichtigt werden, außerdem finden von Mai bis Oktober 2013 an jedem 1. So. im Monat die **Augsburger Wassertage** (www.augsburg-tourismus.de/augsburger-wassertage.html) mit Führungen u.a. Veranstaltungen statt (kostenlos).

❯ Infos zum **Augburger Wasserpfad** können unter www.augsburg-tourismus.de/tl_files/augsburg_tourismus/broschueren/pdf/augsburger-wasserpfad.pdf heruntergeladen werden.

★**161 Wasserkraftwerk Langweid/Lechmuseum Bayern**, Lechwerkstr. 19 (ab B2, ausgeschildert), jeden ersten So. im Monat 10–18 Uhr, www.lechmuseum.de

Augsburg entdecken

030ab Abb.: fotolia.com©Rolandst.

Auch wenn es auf den ersten Blick nicht so wirkt: Augsburg hat viele Gesichter. Präsentiert sich die alte Reichsstadt zwischen Maximilianstraße und Rathaus weitläufig und weltmännisch, geht es in den Gassen der Unterstadt geschäftig und eng zu. Beim Spaziergang durch Straßen und Gassen, Parks und Innenhöfe, über Plätze und entlang Kanälen stößt man immer wieder auf die unterschiedlichen Facetten der Stadt.

Auch in Zeiten knapper öffentlicher Kassen fällt in Augsburg noch immer an vielen Ecken auf, dass sie einst eine Stadt des Überflusses war und den Wohlstand auch entsprechend zur Schau stellte. Allein das **Rathaus ❶**, einer der prächtigsten öffentlichen Bauten Deutschlands, ist Beleg dafür. Wer von der Fassade noch nicht sehr beeindruckt ist, sollte sich den **Goldenen Saal** ansehen. Dass sich besonders die angesehenen Familien der Stadt, die Fugger, Welser oder Schaezler, auf Selbstdarstellung verstanden, offenbaren ein Spaziergang über die Prachtmeile der Stadt, die **Maximilianstraße ❹**, ebenso wie ein Besuch im **Maximilianmuseum ❸** oder im **Schaezlerpalais ❺**.

Eine ganz andere Seite kommt in der Unterstadt zum Vorschein, wo zwischen **Lechviertel**, **Ulrichsviertel** und **Jakobervorstadt** (s. S. 93) bis heute die Handwerker zu Hause sind und wo sich mit der **Fuggerei ㉗** die älteste Sozialsiedlung der Welt befindet. Stehen das Rathaus für die

Stadt der Renaissance, die Museen für die Kulturstadt und die Maximilianstraße für die Stadt der Kaufleute und Bankiers, erinnern die zahlreichen Kirchen an die Stadt der Reformation. **Dom ⓭** und **St. Ulrich und Afra ❻** symbolisieren das katholische Augsburg, **St. Anna ❾** hingegen gilt als eine der Geburtskirchen der Reformation.

Augsburg galt einmal als „Manchester Deutschlands", wie ein Besuch im ausgezeichneten **tim (Staatliches Textil- und Industriemuseum) ㉙** im ehemaligen Textilviertel belegt. Dass in der Stadt aber auch der Dieselmotor entwickelt wurde, darum geht es u. a. im **MAN Museum** (s. S. 39). Handwerk und Industrialisierung wären ohne Wasserkraft undenkbar gewesen. Unzählige Kanäle, Mühlen und Wassertürme führen die **Bedeutung des Wassers** für die Stadt vor Augen (s. S. 60).

Das Zentrum

Augsburgs Zentrum wird vom Rathaus dominiert, für die Geschichte und das Selbstverständnis der Stadt ein zentraler Punkt. Zugleich spielt sich auf dem vorgelagerten Rathausplatz das öffentliche Leben ab. Es schließt sich die Fußgängerzone an die Annastraße an und die Maximilianstraße startet hier. Zweiter zentraler Punkt ist der Königsplatz, kurz „Kö" genannt.

◁ Vorseite: Der Dom ⓭ repräsentiert die katholische Seite der paritätischen Stadt

▷ Das Herz der Stadt: der Rathausplatz mit Rathaus und Perlachturm

❶ Rathaus ★★★ [D4]

Das 1615 bis 1620 von Elias Holl erbaute Rathaus gilt als bedeutendster Profanbau der Renaissance nördlich der Alpen. Höhepunkt im Inneren ist der wiederhergestellte Goldene Saal,

O31ab Abb.: fotolia.com©Klaus Büth

der wie das Rathaus selbst Ausdruck des ausgeprägten Selbstbewusstseins der Bürger der freien Reichsstadt war.

Der Bau mit seinen beiden mächtigen Türmen ist beeindruckend, wobei die Ausmaße eigentlich von der Rückseite, vom tiefer liegenden Elias-Holl-Platz betrachtet, noch stärker zum Tragen kommen. Wie viel Erstaunen mag das Gebäude erst zur Erbauungszeit hervorgerufen haben: So ein **Rathaus** hatte man noch nicht gesehen! Stadtbaumeister Elias Holl – an ihn erinnert eine Stele auf dem nach ihm benannten Platz – hatte italienische Architektur vor Ort studiert und seine Kenntnisse beim Bau des Augsburger Rathauses zwischen 1615 und 1620 eingebracht.

Ergebnis war der bedeutendste Profanbau der Renaissance nördlich der Alpen und seine Größe und Pracht waren Ausdruck des Stolzes der ehemals freien Reichsstadt Augs-

burg. Das Giebelfeld der **Fassade** im Mittelteil schmückt der Doppeladler, während das Stadtsymbol, eine Zirbelnuss aus Erz, über dem Giebel thront. Die Front ist symmetrisch: Der aufstrebende Mittelteil mit Giebel wird von zwei schmäleren Flügeln mit Zwiebeltürmen gerahmt. Über dem Hauptportal prangt das Stadtwappen mit grüner Zirbelnuss auf rot-weißem Grund.

In der Bombennacht vom 25. auf den 26. Februar 1944 wurde das Rathaus bis auf die Außenmauern zerstört und erst 1962 wieder eingeweiht. Beim Goldenen Saal dauerte es sogar bis 1996, ehe dieser komplett wiederhergestellt war, wobei die Öffentlichkeit erstmals zur 2000-Jahr-feier im Jahr 1985 Gelegenheit hatte, die Pracht zu bewundern.

Heute betritt man den Bau durch das rechte Seitenportal. Vorbei an einem Souvenirladen der Stadt geht es links in den sogenannten **Unteren**

Fletz. Hier steht ein Modell der historischen Stadt und im „Tastraum" können Sehbehinderte – aber nicht nur sie – die historische Stadtentwicklung im Schnelldurchlauf mitnehmen. Im **Oberen Fletz** im 2. OG erreicht man dann den sich über drei Stockwerke erstreckenden **Goldenen Saal** (per Aufzug erreichbar). Mit 14 m Höhe und 550 m² Fläche gilt der 1624 vollendete Raum als einer der festlichsten Säle Deutschlands. Für die Innenausstattung war Johann Matthias Kager (1575–1634) zuständig, der den venezianischen Dogenpalast als Vorbild benutzte. Neben den kunstvoll geschnitzten Portalen und der Wandmalerei mit Darstellungen von jeweils acht christlichen und heidnischen Kaisern ist vor allem die vergoldete Kassettendecke aus Nussbaum ein Hingucker. Das Bildprogramm dort besteht aus mehreren Medaillons um die zentrale Szene mit dem „Triumphzug der Sapientia".

△ *Der Goldene Saal im Rathaus trägt seinen Namen zu Recht*

Vier repräsentative „Fürstenzimmer" grenzen an den Saal an. Im Zweiten Weltkrieg zerstört, wurde das Nordwest-Zimmer in den Originalzustand zurückversetzt und ist zu besonderen Anlässen geöffnet. Im Südost-Zimmer ist heute eine Ausstellung zur Stadt und ihren Partnerstädten zu sehen.

Vor der Westfront des Gebäudes breitet sich heute der **Rathausplatz** aus – das war jedoch nicht immer so: Bis zu den Zerstörungen im Krieg war die Fläche großteils bebaut, u. a. mit der alten Börse. 1960 sollte auf dem Platz ein Stadtsparkassen-Neubau entstehen und die Bank hatte schon zwei Drittel des Areals gekauft. Massive Proteste der Bevölkerung verhinderten jedoch den Bau und nun vermietet die Stadtsparkasse den Platz für beträchtliche Summen im Jahr an die Stadt, die ihn für Veranstaltungen, Feiern oder den Christkindlesmarkt nutzt.

Zentraler Punkt und Treff auf dem Platz ist der **Augustusbrunnen** (s. S. 67) mit der Bronzefigur des Stadtgründers. Einst stand auf dem einstigen Fischmarkt zwischen Rathaus und Perlachturm ein weiterer Brunnen: der **Neptunbrunnen**. 1537 aufgestellt, gilt er als ältester Brunnen der Stadt, wurde jedoch 1888 aus Platzgründen auf den Jakobsplatz (nahe der Fuggerei **㉗**) versetzt.

An der Nordseite des Rathauses steht ein weiterer Holl-Bau, der sogenannte **Neue Bau** von 1614. Das Geschäftshaus erinnert an einen italienischen Palazzo und wurde nach Zerstörung im Zweiten Weltkrieg wieder aufgebaut.

❯ **Goldener Saal,** tgl. 10–18 Uhr, 2,50 €, Rathausfoyer frei zugänglich, mit Souvenirshop. Am Rathausportal starten viele Touren (s. S. 124).

Augsburger Prachtbrunnen

*Zu Beginn des 17. Jh. entstanden an der zentralen Maximilianstraße drei Prachtbrunnen – Augustus-, Merkur- und Herkulesbrunnen. Sie sollten Augsburgs römisch-antike Herkunft feiern. Nicht nur Elias Holls Bauten machen Augsburg zur Renaissance-Metropole, auch die Trias der zur 1600-Jahrfeier angefertigten Brunnen stellen Glanzlichter der Bildhauerkunst dieser Stilepoche dar. Wie ernst die Stadt das ehrgeizige Bauprogramm einst nahm, zeigt allein schon die Tatsache, dass für zwei Brunnen der damals berühmte niederländische Künstler **Adriaen de Vries** gewonnen werden konnte. Eher spießbürgerlich verhielten sich Stadt und Bürger dann später, als nach heftigen Protesten konservativer Kreise die im Jahr 2000 geplante Erweiterung der Brunnen-Trias um einen modernen Aphroditebrunnen (von Markus Lüpertz) vor St. Ulrich ❻ scheiterte.*

*Die drei prächtig verzierten **Renaissance-Brunnen** aus Bronze entlang der Maxstraße symbolisieren die drei Stände der Reichsstadt: Herren-, Kaufmanns- und Handwerkerstand. Als erster Brunnen wurde 1588 bis 1594 der **Augustusbrunnen** geschaffen und zu Ehren des römischen Stadtgründers nach Entwürfen des Niederländers Hubert Gerhard von Stadtgießer Peter Wagner angefertigt und vor dem Rathaus ❶ aufgestellt. Die vier Brunnenfiguren am Sockel sind Sinnbilder des Wassers und stellen die vier Flüsse dar: den Lech mit dem Ruder, die Wertach mit dem Zahnrad, die Singold mit dem Füllhorn und den Brunnenbach mit dem Fischernetz. Dazu gesellen sich Allegorien von Überfluss und Reichtum sowie vier Putten auf Löwen, die mit Fischen spielen.*

*Die anderen beiden Brunnen basieren auf Entwürfen und Modellen von Adriaen de Vries, der sie zusammen mit dem Stadtgießer **Wolfgang Neidhardt** zwischen 1596 und 1602 gestaltete. Beim **Merkurbrunnen** am Moritzplatz (1596–1599) steht Merkur als Gott des Handels für die Rolle der Stadt als Handelsmetropole. Der **Herkulesbrunnen** am ehemaligen Weinmarkt, heute direkt vor dem Schaezlerpalais ❺, entstand 1597 bis 1602 und symbolisiert das Handwerk.*

Nach aufwendigen Restaurierungsmaßnahmen wurden die originalen Brunnenfiguren 2000 im Viermetzhof des Maximilianmuseums ❸ unter einem Dach aufgestellt, um weitere Schädigung zu vermeiden. Auf den Brunnen stehen seither Kopien.

★**162** [D4] *Augustusbrunnen*
★**163** [D5] *Herkulesbrunnen*
★**164** [D4] *Merkurbrunnen*

033ab Abb.: mb

❷ Perlachturm ★★ [D4]

Direkt rechts neben dem Rathaus (nördlich) ragt der Perlachturm, mit seinen 70 m nach dem modernen Hotelturm (s. S. 99) der höchste Bau der Stadt, in den Himmel. Er ist wie das Rathaus nicht aus dem Stadtbild wegzudenken. Ist das Wetter gut und die Sicht klar, sollte man unbedingt die **258 Stufen** hinaufsteigen (kein Aufzug!), denn von oben ist die Sicht grandios und reicht bei klaren Verhältnissen bis zu den Alpen. Augsburger Kinder verbinden den Turm in erster Linie mit dem „Turamichele".

Auch wenn der Turmunterbau ins Jahr 1060 datiert und 1410 auf 36 m und 1527 auf 63 m erhöht wurde, sorgte Stadtbaumeister Elias Holl für das heutige Aussehen des einstigen Wachturms. Außer für den Rathausbau war er nämlich zwischen 1614

und 1616 auch für den Umbau und die Erhöhung des Turms auf 70,4 m verantwortlich. Außerdem veranlasste er die Zufügung einer laternenartigen Bekrönung mit vergoldeter Wetterfahne in Gestalt der heidnischen Stadtgöttin Cisa. 1985 wurde zur 2000-Jahr-Feier der Stadt ein **Glockenspiel** eingebaut und es sind historische Fotos im Turm ausgestellt.

Direkt an den Turm angebaut ist die Stiftskirche **St. Peter am Perlach** von 1182. Die romanische Hallenkirche gilt als einer der ältesten Ziegelbauten Süddeutschlands. Im 18. Jh. barockisiert, wurde die Kirche nach Kriegszerstörungen 1954 im romanischen Stil wiederaufgebaut. Im Inneren stellt das Gnadenbild „Maria Knotenlöserin" ein beliebtes Wallfahrtsziel dar.

Das Wort „Perlach" soll sich übrigens von „per" (Bär) und „lacyh" (Spiel/Tanz), also von „Tanzbärenplatz" ableiten. In der Tat stand einst hier am früheren Fischmarkt ein Bärenzwinger zur Belustigung der Leute.

> **Perlachturm**, Besteigung 1. Mai–31. Okt. tgl. 10–18 Uhr, an Ostern und Adventswochenenden Fr.–So. 14–18 Uhr, 1 €
> **Glockenspiel**, tgl. 11/17 Uhr (Volkslieder, Mozart-Melodien)

Das „Turamichele"

Am 29. September (Michaeli-Tag) ist „Turamichele" und dann erscheint in einem geschmückten Fensterbogen im unteren Teil des Perlachturms ❷ die Figur des Erzengels Michaels, der im Takt der Turmuhr und zur Freude der Kinder auf den Teufel einsticht. Dabei singen die Kinder das „Turamichele-Lied": „'S Duramichele, 's Duramichele, des gibt dem Deifele viele Stichele ...". Die mechanische Figurengruppe war 1526 erbaut worden, musste jedoch nach dem Krieg 1949 ersetzt werden. „Turamichele" ist ein typisches Augsburger Dialektwort, bestehend aus „Tura" für Turm und „Michele" für Michael.

> **Turamichele**, 29.9., stdl. 10–18 Uhr, weitere Veranstaltungen im Umfeld siehe Tagespresse

❸ Maximilian-museum ★★★ [D4]

Mitten in der Stadt, am Fuggerplatz zwischen Rathaus und Kö, wurde 2006 in zwei Bürgerpalästen der Renaissance, die durch einen glasüberdachten Innenhof verbunden sind, das Maximilianmuseum nach Komplettsanierung wiedereröffnet. Es gibt einen informativen Überblick über Augsburgs einst führende Rolle in Kunst und Kunsthandwerk.

Vom Rathausplatz führt die Philippine-Welser-Straße vorbei an einigen Patrizierhäusern zum **Fuggerplatz** mit dem **Fuggerdenkmal** und dem Köpfhaus. Auf den ersten Blick scheint die Statue gut hierher zu passen, doch ist ausgerechnet Johann (Hans) Jakob Fugger (1516–75) dargestellt. Er hatte mit seinem Vetter Marcus das Unternehmen geerbt, doch in seine Zeit fiel der Staatsbankrott von Kaiser Karl V. Der Kunstfreund Hans Jakob überließ frustriert das Geschäft seinem Vetter, der es wieder flott machte, und arbeitete selbst fortan für den bayerischen Herzog. Diesem überließ er später seine Bibliothek, die zum Grundstock der Bayerischen Staatsbibliothek wurde. Aus diesem Grund ließ König Ludwig I. 1857 ihm ein Denkmal errichten – ausgerechnet vor dem Stadthaus der Welser, den alten Rivalen der Fugger …

034ab Abb.: mb

⌂ *Im Hof des Maximilianmuseums stehen die Originalskulpturen der Prachtbrunnen (s. S. 67)*

Der „Kenig von Augschburg"

Er ist wie das Rathaus, der Augustusbrunnen oder die Puppenkiste nicht mehr aus Augsburg wegzudenken: der „Kenig von Augschburg". Dabei ist der sogenannte König gar nicht von hier. In Saulgau bei Sigmaringen geboren, brachte den gelernten Schriftsetzer und studierten Werbetechniker/-wirtschaftler erst eine Anstellung bei MAN Roland nach Augsburg. Auch als Altenpfleger und im Kolping Bildungswerk war *Gerhard Johannes Hermanutz* schon tätig.

Seit er Ende der 1990er-Jahre mit Krone, langem Bart, wallenden Gewändern und bei jedem Wetter barfuß auf dem Rathausplatz auftauchte, ist er jedem Augsburger ein Begriff – und verfügt sogar über eine offiziel-le „Fanpäitsch" auf Facebook. Nach längerer Abwesenheit tauchte er 2009 wieder im Stadtbild auf, beschränkt sich seither allerdings nicht mehr auf seine „Königs-Performance". Manchmal singt er im Sommer Weihnachtslieder, lächelt die Menschen still an, kleidet sich in Fantasiegewänder oder zieht sich ganz gewöhnlich an und rasiert sich glatt, um ein paar Monate später wieder mit seinem Markenzeichen, einem Marxschen Vollbart, an verschiedensten Stellen der Stadt aufzutauchen. Zuletzt hat sich der ansonsten eher „stille Philosoph" auch zu lokalen Ereignissen „geäußert": Er schob mitten durch die von Baustellen übersäte Innenstadt einen vergoldeten Schubkarren.

Immerhin befindet sich das 1855 eröffnete **Maximilianmuseum** teilweise in eben diesem einstigen Wohnhaus von Bartholomäus V. Welser. Seit 2006 präsentiert sich das heutige Stammhaus der **Kunstsammlungen und Museen Augsburg** sehr attraktiv und wurde dafür 2007 mit dem Bayerischen Museumspreis ausgezeichnet. Kunstwerke aus der Stadtgeschichte, Beispiele der genialen Gold- und Silberschmiedekunst sowie anderes Kunsthandwerk, dazu Skulpturen, historische Bauentwürfe wie Holls Rathaus-Pläne und ein Stadtmodell im Foyer (Augsburg um 1560) sind auf den verschiedenen Ebenen der beiden Stadtpaläste aus dem 16. Jh. verteilt. Der mit Glas überdachte Viermetzhof verbindet die beiden Gebäude und hier sind in gelungener Aufstellung auch die Originalfiguren der Prachtbrunnen (s. S. 67) zu bestaunen.

❯ Fuggerplatz 1, Di.–So. 10–17 Uhr, 7 € (1. So. im Monat 1 €), www.kunstsammlungen-museen.augsburg.de/index.php?id=20131, mit Shop und Café

❹ **Maximilianstraße** ★★ [D5]

Schon immer war die „Maxstraße" die Lebensader der Stadt und hier reihen sich die Paläste der reichen Handels- und Bankiersfamilien auf. Zu Zeiten der Freien Reichsstadt galt sie als schönste Straße Deutschlands. Der Name erinnert dabei nicht an Kaiser Maximilian, sondern vielmehr an den ersten bayerischen König, Max I., nach dem die Prachtallee zwischen Rathaus ❶ und St. Ulrich und Afra ❻ 1809 offiziell benannt wurde. Neben den Fuggerhäusern, dem Schaezlerpalais ❺ oder dem **Reichsstädtischen Kaufhaus** von Elias Holl (1611, Ecke Maxstr./Heilig-Grab-Gasse) befinden sich hier auch das historische Hotel Drei Mohren (s. S. 128) und die Prachtbrunnen.

Auf dem Weg vom Rathaus südwärts fällt zunächst das bunt bemalte **Weberhaus** am Moritzplatz ins Auge. 1389 von der Weberzunft als Amts- und Handelshaus ins Leben gerufen und 1605 bis 1607 bemalt, hat es eine wechselhafte Geschichte

035ab Abb.: fotolia.com/©mkfoto32

hinter sich: 1915 wurde es durch einen Neubau ersetzt und 1959 nach Kriegsschäden wiederaufgebaut und „modern" bemalt. 2004 kam es zu einem Dachstuhlbrand, der erneut aufwendige Restaurierungen nach sich zog.

Der **Moritzplatz** ist nach der Kirche **St. Moritz** benannt. Im 11. Jh. gegründet, stammt der Kern des Baus aus dem 16. Jh. Das Innere wurde im Zweiten Weltkrieg völlig zerstört und wird derzeit restauriert.

Die zentralen Gebäude an der oberen Maxstraße sind die **Fuggerhäuser** (Maxstr. 36/38). Sie bilden einen 68 m langen Baukomplex und entstanden zwischen 1512 und 1515 als Palast für Jakob Fugger. Hier waren unter anderem die Kaiser Maximilian I. und Karl V., aber auch Künstler wie Tizian und Dürer zu Gast und 1518 fand hier der dreitägige Disput zwischen dem päpstlichen Legaten Cajetan und Martin Luther statt.

Außen vergleichsweise bescheiden, verbergen sich im Inneren vier Innenhöfe, darunter als sehenswertester der **Damenhof**. Er entstand, von Arkaden gerahmt, 1515 als erster Renaissance-Hof nördlich der Alpen. Hinein gelangt man durch die Buchhandlung Rieger & Kranzfelder (s. S. 21) oder durch den daneben liegenden, schlichteren **Zofenhof** (Zugang neben der Buchhandlung). Dieser führt weiter in den **Reiterhof**, der wiederum über einen Durchgang zum Zeugplatz mit dem Zeughaus ❼ verfügt. In dem Gebäudekomplex residiert neben der Verwaltung des Fuggerunternehmens auch die Fürst Fugger Privatbank. Durch deren mit einem Doppeladler bemaltes mächtiges Hauptportal gelangt man zu Schalterzeiten in den vierten Innenhof, den **Serenadenhof**.

036ab Abb.: mb

Damit jedoch nicht genug der Renaissance-Innenhöfe an der Maxstraße: Auch im Schaezlerpalais ❺, im **Eserhaus** (Nr. 81), im **Gossner-Haus** (Nr. 65) oder **Höhmannhaus** (Nr. 79) finden sich Höfe. Direkt an den Fuggerpalast schließt das **Steigenberger Drei Mohren** (s. S. 128) an. Die namensgebenden „Mohrenköpfe" (im Foyer) sind die letzten Überbleibsel des ursprünglichen Hotelbaus von 1723.

KLEINE PAUSE

Restaurant im Damenhof

📞 **165** [D5] **Restaurant im Damenhof,** Maximilianstr. 36, 10.30–24 Uhr. Im romantischen Ambiente des Damenhofs gibt es im Sommer Restaurantbetrieb mit Bar und im benachbarten Zofenhof einen Biergarten. In der Adventszeit findet ein kleiner Weihnachtsmarkt statt und dazu gibt es gelegentlich in der warmen Jahreszeit Konzerte.

◁ *Prachtmeile und Lebensader: die Maxstraße*

△ *Das bunte Weberhaus blickt auf eine bewegte Geschichte zurück*

❺ Schaezlerpalais ★★★ [D5]

Das Schaezlerpalais aus dem 18. Jh. mit seiner Gartenanlage ist nicht nur das bedeutendste Stadtpalais der Stadt, es beherbergt heute auch ein überaus sehenswertes Museum: die Deutsche Barockgalerie. Sie zählt zu den wichtigsten und umfangreichsten Gemäldesammlungen dieser Epoche in Europa.

Das Palais des Bankiers Liebert von Liebenhofen entstand in prominenter Lage an der Maximilianstraße. Nach Plänen des Münchner Hofbaumeisters von Lespilliez zwischen 1765 bis 1770 errichtet, gilt es als Musterbeispiel für die Rokoko-Baukunst in Augsburg. In Anwesenheit von Marie Antoinette, die auf dem Weg zu ihrer Hochzeit mit Ludwig XVI. war, wurde der Bau am 28. April 1770 mit einem pompösen Ball eingeweiht. Baron Johann Lorenz Schaezler, Lieberts Schwiegersohn, erwarb das Palais 1821.

Bis 1958 in Familienbesitz, ging das **Schaezlerpalais** dann als Schenkung in städtischen Besitz über, mit der Auflage, dass es kulturell genutzt werden sollte. Nach aufwendiger Restaurierung wurde es 2006 als Teil der Städtischen Museen und Kunstsammlungen, die hier Deutsche Barockgalerie, Staatsgalerie Altdeutscher Meister und Grafische Sammlung einrichteten, eröffnet. Prunkstück des Baus ist der 23 m lange, zwei Stockwerke hohe **Rokoko-Festsaal** mit aufwendigen Stuckaturen der Gebrüder Feichtmayr, Spiegeln und einem Deckengemälde von Gregorio Guglielmi von 1767. „Merkur und der Welthandel" heißt hier das Thema, während er im Treppenhaus „Die sieben freien Künste" darstellte.

Die **Deutsche Barockgalerie** gibt einen Überblick über die süddeutsche Malerei des Barock und Rokoko zwischen dem 16. und 18. Jh., u. a. mit wegweisenden Werken von Johann

027ab Abb.: mb

Rottenhammer (1564–1625), Joachim v. Sandrart (1606–1688), Johann Baptist Zimmermann (1680–1758), Anton Raphael Mengs (1728–1779), Johann Georg Bergmüller (1688–1762) oder Matthäus Günther (1705–1788). Teil des Museums ist überdies die Stiftung Haberstock mit Gemälden von Rembrandt, van Dyck, Veronese, Cranach d. Ä. oder Tiepolo.

Vom Festsaal, der zu Veranstaltungen und Konzerten genutzt wird, gelangt man direkt in die renovierte ehemalige **Katharinenkirche.** Sie gehörte zum anschließenden Dominikanerinnenkloster (heute Teil des Holbein-Gymnasiums). Hier und in den verbindenden Räumen ist die **Staatsgalerie Altdeutscher Meister** mit bedeutenden Werken lokaler Künstler des 15. und 16. Jh. untergebracht. Unter anderem macht man ausgiebig Bekanntschaft mit Hans Holbein d. Ä., Dürer oder Cranach d. Ä.

Im restaurierten **Rokoko-Garten** an der Palais-Südseite bietet sich Gelegenheit zum Ausruhen, ehe man noch einen Blick in die **Neue Galerie im Höhmannhaus** (s. S. 39) neben dem Schaezlerpalais wirft. Hier finden vor allem Sonderausstellungen (freier Eintritt) ergänzend zu denen im Schaezlerpalais oder zu zeitgenössischer Kunst statt.

› Maximilianstr. 461, Di.–So. 10–17 Uhr, 7 €, www.kunstsammlungen-museen. augsburg.de/index.php?id=20164, mit Museumsshop und Café

◁ *Der Rokoko-Festsaal im Schaezlerpalais wird für Konzerte und Veranstaltungen genutzt*

▷ *Blick auf die katholische Basilika St. Ulrich und Afra*

❻ St.-Ulrich-Kirche/ St. Ulrich und Afra ★★ [D6]

An ihrem südlichen Ende weitet sich die Maximilianstraße zum **Ulrichsplatz.** Hier bilden zwei Kirchen – die kleine, evangelische **St. Ulrich-Kirche** und die mächtige, katholische Stadtpfarrkirche **St. Ulrich und Afra** – ein fotogenes Ensemble. Wie die beiden Heiligkreuzkirchen ⓲ verdeutlichen auch diese zwei Kirchen weithin sichtbar das paritätische Nebeneinander der Konfessionen.

St. Ulrich und Afra gilt als eine der ältesten christlichen Stätten nördlich der Alpen. Hier ist die Wallfahrt zum Grab der heiligen Afra schon im 6. Jh. bezeugt und bis heute ist die Kirche ein wichtiger Pilgerort. Außer der heiligen Afra sind auch die beiden anderen Stadtheiligen, die Bischöfe Ulrich und Simpert, hier begraben. Der Kirchenbau war um 1500 über mehreren Vorgängerbauten fertiggestellt worden, der Chor folgte erst 1603. 1594 wurde der Turm vollendet, ein schlanker, hoch aufragender Zwiebelturm, der mit seinen fast 94 m der höchste der Stadt ist – ursprünglich war ein Turmpaar vorgesehen.

Ein kunstvoll geschmiedetes, 1712 aufgestelltes Gitter trennt den Zugangsbereich im Westen vom **Innenraum** der dreischiffigen Basilika. Die drei mächtigen Altäre im Chor wurden 1607 geweiht, Themen sind Weihnachten (Mitte), Ostern (rechts) und Pfingsten (links). Geschaffen hat sie der Bildhauer Johann Sebastian Degler (1670–1730). Zwischen Chor und Langhaus befindet sich die 1605 geschaffene, bronzene Kreuzigungsgruppe (Hans Reichle). In der Bartholomäuskapelle an der Nordostecke errichtete sich Philipp Eduard Fugger um 1600 eine Grablege, weitere

Römische Funde in barocker Kirche

In der Dominikanerkirche **St. Magdalena** befindet sich seit 1966 die Sammlung des **Römischen Museums**. Die Kirche war Teil eines 1513 bis 1515 eingerichteten Klosters und wurde im frühen 18. Jh. im Barockstil gestaltet. Das Museum bietet einen informativen Überblick über die römische Geschichte und Zivilisation in der Region Augsburg. Darüber hinaus werden vorgeschichtliche Bodenfunde aus Augsburg und Schwaben von der Stein- und Bronzezeit über das Frühmittelalter bis zur Zeit des frühen Christentums gezeigt. Zu den sehenswerten Fundstücken gehören Grab- und Weihreliefs, Münzen, Keramik (Terra sigillata), Statuetten, Bronzeobjekte, Haushaltsgegenstände u. v. m.

Ein auffälliger **Pferdekopf aus Bronze**, einst vergoldet, war Teil eines Reiterstandbildes. Zu sehen ist eine Kopie des heute in München befindlichen Originals. Zwei brillant erhaltene Pfeilergrabmäler eines Soldaten der III. Legion und eines Rechtsgelehrten sowie Grabsteine von Händlern und Kaufleuten mit bildlichen Darstellungen von Weintransport und Verkauf machen das Römische Museum zu einer der bedeutendsten Sammlungen antiker Steindenkmäler in Süddeutschland. Die in der Kirche gezeigten Bestände gelten neben denen in Trier, Köln, Mainz und Xanten als deutschlandweit beachtlich. Dazu kommt noch reichlich vorhandenes Fundmaterial, das sich gegenwärtig auf mehr als zehn (teils ungeeignete) Depots in der Stadt verteilt. Es ist geplant, diese einmal in einem Zentraldepot im Textilviertel unterzubringen.

Obwohl bereits seit 2008 **statische Probleme** des Sakralbaus bekannt sind und seither keine großen Ausstellungen mehr stattfinden konnten, die das Bewegen der schweren Steindenkmäler bedeutet hätten, wurde von städtischer Seite ungeachtet hoher Besucherzahlen von rund 30.000 im Jahr in Sachen Sanierung bzw. Neubau nichts unternommen. Ende 2012 wurde das Museum wegen des schadhaften Fußbodens dann auf unbestimmte Zeit komplett geschlossen. Im Gespräch ist derzeit, dass ab Ende 2013 Teile des Museumsbestands in der **Toskanischen Säulenhalle** im **Zeughaus** ❶ zu sehen sein werden.

❯ **Römisches Museum**, Dominikanergasse 15, www.kunstsammlungen-museen.augsburg.de/index.php?id=19767. Wegen Baumängeln bis auf Weiteres geschlossen.

Gruften der Fugger liegen unter dem südlichen Seitenschiff. In der Unterkirche – in den 1960er-Jahren neu gestaltet – befinden sich die Grabkapellen des heiligen Ulrich und der heiligen Afra. An den dritten Heiligen erinnert im südlichen Seitenschiff die Simpertkapelle.

Das ursprüngliche Predigerhaus vor der Basilika wurde 1648 in die evangelische **Ulrich-Kirche** umfunktioniert und das erklärt auch die eher ungewöhnliche Ausrichtung zum Ulrichsplatz hin – mit dem Altar im Süden – und gewisse Asymmetrien im Inneren. Sehenswert in dem an sich schlichten Kirchenraum ist eine elegante barocke Stuckdecke aus dem frühen 18. Jh., ein Novum für protestantische Kirchen. Die zahlreichen Gemälde entlang der einseitig angebrachten Empore stammen überwiegend aus dem 17. Jh.
❯ **St. Ulrich und Afra,** Ulrichsplatz 19, www.ulrichsbasilika.de, von der Morgen- bis nach der Abendmesse geöffnet, auch Kirchenmusik
❯ **Evangelische St.-Ulrich-Kirche,** Ulrichsplatz 11, http://evangelisch-stulrich. de, Ostern–Okt. Mo.–Do. und Sa./So. 10–17 Uhr, Fr. bis 12.30, Jan./Feb. geschl., sonst 10–15 Uhr, Führungen Mai–Okt. Sa./So. 15 Uhr (gratis)

❼ Zeughaus ★ [D5]

Mit dem Zeughaus, einst Waffenarsenal der Stadtwache und zugleich Feuerwache, machte sich zwischen 1602 bis 1607 Stadtbaumeister Elias Holl erstmals einen Namen. Heute wird das Gebäude vor allem als **Bildungszentrum** genutzt und in der **Toskanischen Säulenhalle** im Erdgeschoss finden Ausstellungen wie die Große Schwäbische Kunstausstellung (s. S. 16) statt.

Markenzeichen des Zeughauses ist die **barocke Ostfassade** (entworfen von Joseph Heintz) mit der sehenswerten Bronzegruppe des Erzengel Michael, der Luzifer aus dem Himmel wirft (Hans Reichle). Der Hof wird vom Restaurant **Zeughausstuben** (s. S. 26) als Biergarten genutzt und im Advent findet hier ein malerischer Christkindlesmarkt, die sogenannte Weihnachtsinsel – ein Kunsthandwerksmarkt mit Veranstaltungszelt – statt.
❯ Zeughplatz 4, mit Restaurant und Kulturorganisationen, gelegentlich Ausstellungen

❽ Königsplatz und Fußgängerzone ★ [C5]

Die Entstehung des **Königsplatzes** hing mit der wachsenden Bedeutung des 1843 eröffneten Hauptbahnhofs zusammen, der ursprünglich westlich der ummauerten Stadt lag. In den 1860er-Jahren wurden deshalb die westliche Stadtmauer mit dem Gögginger Tor abgetragen und eine breite Allee vom Stadttheater südwärts (heute Fuggerstr. und Konrad-Adenauer-Allee) wurde angelegt. Dort wo die Bahnhofstraße auf diese Allee traf, entstand 1869 der begrünte Königsplatz.

1881 wurde die erste Straßenbahnhaltestelle eingerichtet und seither dient der „Kö" als Nahverkehrsknotenpunkt. Lange Zeit war er aufgrund des dichten Baumbestands eher dunkel und auch sonst nicht sonderlich attraktiv. Zurzeit wird der Platz umfassend neu gestaltet und den Gegebenheiten des modernen Nahverkehrs mit neuen, längeren Straßenbahnen angepasst.

Im Zentrum der parkartigen Anlage steht ein dreieckiger **Kö-Bau,** Infopunkt und Einkaufszentrum in einem. Im erweiterten **Kö-Park**, Heimat einer Fledermaus- und Saatkrähenkolonie, wird der 1985 geschaffene **Manzù-Brunnen** (benannt nach dem römischen Bildhauer Giacomo Manzù), eine über 2 m hohe Bronzefigur, die auch „Kammerfräulein" genannt wird, wieder einen Platz finden. Zudem wird die Fuggerstraße verkehrsberuhigt und zum baumbestandenen **Augsburg Boulevard** umgestaltet.

Schon im 19. Jh. sind um den „Kö" prächtige Bürgerhäuser und große Kaufhäuser entstanden, darunter das **Riegele-Haus** (heute u. a. McDonald's) und der gegenüberliegende **Königsbau** (einst Zentral-Kaufhaus, jetzt K&L Ruppert). Zudem beginnt hier die **Fußgängerzone**,

einerseits mit der **Bürgermeister-Fischer-Straße**, an der auch große Kaufhäuser wie Karstadt oder Galeria Kaufhof in Richtung Moritzplatz zu finden sind, andererseits mit der **Annastraße** Richtung Grottenau/ Rathaus mit überwiegend kleineren Läden.

❾ St. Anna ★★   [C4]

An der als Fußgängerzone ausgewiesenen **Annastraße** entstand 1321 gegenüber der Rückfront des Maximilianmuseums ein Karmelitenkloster mit der Kirche **St. Anna**. Der heutige Baukomplex geht auf einen Umbau zwischen 1487 und 1497 zurück. Den Turm fügte 1602 Stadtbaumeister Elias Holl hinzu.

1509 ließ Jakob Fugger für sich und seine Brüder in der Kirche die **Fuggerkapelle** errichten. Die prächtig ausgestattete Familiengrablege stammt von Albrecht Dürer und Sebastian Loscher und gilt als erster Renaissance-Raum in Deutschland. Wie die Kapelle ist auch der Rokoko-Innenraum der Kirche von 1748 unlängst renoviert worden. Sehenswert sind die Stuckaturen der Feichtmayr-Brüder oder das Deckenfresko von J.G. Bergmüller. Die angeschlossene Goldschmiedekapelle, die ebenfalls demnächst renoviert werden soll, weist Reste von Wandbildern aus der Entstehungszeit im späten 15. Jh. auf, in der Heiliggrabkapelle von 1598 fällt der Kreuzgang mit seinen Patriziergräbern ins Auge.

Die kunsthistorische Bedeutung ist nur ein Grund, St. Anna zu besuchen, sie gilt darüber hinaus als **Wiege der Reformation**. Martin Luther hielt sich gleich zweimal – 1511 bei der Rückkehr von einer Pilgerreise nach Rom und 1518, als er von Kardinal Ca-

039ab Abb.: mb

jetan verhört wurde – hier auf. Luther fand zahlreiche Anhänger in der Stadt und 1525 wurde **St. Anna** die erste protestantische Kirche Augsburgs. Über die Rolle der Stadt während der Reformation, Martin Luther und die Entstehung des Protestantismus' informiert das neue multimediale **Martin-Luther-Museum,** das man über die **Lutherstiege** (ab Kreuzgang) – die angeblich auch Martin Luther zu seinen Räumlichkeiten gegangen sein soll – erreicht.

St. Anna spielte ein weiteres Mal in der Kirchengeschichte eine wichtige Rolle: 1731/32 half Pastor Samuel Ursperger (1685–1772) Tausenden **Salzburger Exilanten,** die aus ihrer Heimat vertrieben worden waren. Er sammelte für sie, sorgte für Unterkünfte und verhalf ihnen zu einer neuen Heimat in Ostpreußen und Hannover. Einige Flüchtlinge vermittelte er nach Nordamerika, wo 1734 eine Siedlung in der britischen Kolonie Georgia gegründet wurde. Dieser Ort hieß **Ebenezer** und lag nahe der Hafenstadt Savannah, wurde jedoch 1855 aufgegeben.

Südwestlich der Kirche entstand nach Plänen von Elias Holl 1615 der Neubau des 1531 gegründeten protestantischen **Anna-Gymnasiums.** An der Stelle der ehemaligen Schule befindet sich heute das **Evangelische Forum Annahof** (mit Café und Treff „Annapunkt", http://annahof-evangelisch.de).

> Annastr., Mo. 12–17, Di.–Sa. 10–18, So. 10–12.30 und 15–16/17 Uhr, Museum während Gottesdiensten nicht zugänglich, Eintritt frei

⊲ *Blick von der Empore mit dem Martin-Luther-Museum in die Kirche St. Anna*

❿ Stadtmarkt ★   [C4]

Ein Bummel über den Stadtmarkt kommt einer kulinarischen Reise durch die Region und die Welt gleich. Das Marktareal ist in den 1930er-Jahren im Stadtzentrum entstanden und erhielt in den letzten Jahren ein attraktives Facelift. Neben einer Fleisch- und Viktualienhalle (mit Imbissgelegenheiten) gibt es eine „Bäcker-Gasse", eine Obst-/Gemüse-Zeile sowie Fischläden, Blumen, Pflanzen und Samen, Accessoires und Feinkost. Dazu findet v. a. freitags und samstags ein großer Bauernmarkt auf der westlichen Freifläche statt.

Direkt hinter dem nördlichen Marktzugang steht seit 2009 am Ernst-Reuter-Platz die **Neue Stadtbücherei.** 1920 ist die städtische Leihbücherei als Abteilung der 1537 gegründeten Stadt- und Staatsbibliothek entstanden. Letztere befindet sich an der Schaezlerstraße in einem prächtigen Bau des späten 19. Jh. und gehörte bis 2012 der Stadt, seither dem Freistaat Bayern. Das neue Büchereigebäude, von Schrammel Architekten (Augsburg) geplant, ist großzügig proportioniert, in einem freundlichen Orange gestaltet, luftig und hell und dazu umwelttechnisch wegweisend und wurde von den Augsburgern euphorisch begrüßt.

> Zwischen Anna- und Fuggerstr., werktags 7–18, Sa. bis 14 Uhr (Verlängerung geplant), www.stadtmarktaugsburg.de

> 🏠 **166** [C4] **Neue Stadtbücherei Augsburg,** Ernst-Reuter-Platz 1, Mo.–Fr. 10–19, Sa. 10–15 Uhr, www.stadtbuecherei.augsburg.de, mit Zeitschriftenlesesaal, Computerterminals und Lohhof Café & Bistro (geöffnet wie die Bücherei). Außer Kaffee auch kleine Gerichte aus Bioprodukten (Tagesgerichte) und viel Vegetarisches.

⑪ Theater Augsburg ★ [C4]

Blickt man von der Fuggerstraße nordwärts Richtung **Stadttheater**, fällt eine moderne **Stahlskulptur** ins Auge: Das viel diskutierte und umstrittene „Ostern" wurde von dem Künstlerehepaar Matschinsky-Denninghoff geschaffen (s. S. 40) und 1992 auf dem Kennedy-Platz aufgestellt. Es gehört vor der Theaterkulisse zu den beliebten Fotospots.

Das Theater selbst wurde nach Plänen der Wiener Architekten Ferdinand Fellner und Hermann Helmer am 26. November 1877 im **Neorenaissancestil** erbaut und mit Beethovens Oper „Fidelio" eröffnet. Es ersetzte das alte Theater am Lauterlech von 1777, das 1874 abgebrannt war. 1938/39 kam es aufgrund einer von Adolf Hitler geplanten Stadtumgestaltung, die den Bau einer Aufmarschallee mit dem Theater als Nordabschluss vorsah, zu einem Umbau. Die Wiedereröffnung erfolgte 1939 in Anwesenheit Hitlers mit Wagners „Lohengrin".

Im Zweiten Weltkrieg zerstört, konnte 1956 mit Mozarts „Hochzeit des Figaro" ein neues Theater mit 1030 Plätzen in Betrieb genommen werden. Derzeit laufen im Theater wieder Renovierungsarbeiten, besonders im Bühnenbereich. Die hinter dem sogenannten Großen Haus errichtete „**brechtbühne**" – ein containerartiges Gebilde – dient als Interimsspielstätte der Komödie.

❯ Kennedy-Platz 1, Infos zu allen Sparten und Spielplätzen unter www.theater-augsburg.de, Tel. 0821 3244900

▷ Markanter Dreh- und Angelpunkt: der Hohe Dom zu Augsburg

⑫ Naturmuseum/ Planetarium ★ [C4]

Dass Augsburgs Geschichte nicht erst mit den Römern beginnt, zeigt ein Besuch im 1991 eröffneten **Naturmuseum**. Hier befasst man sich ausführlich mit der Molasse, dem Untergrund von Augsburg und großen Teilen Süddeutschlands. Unter Molasse versteht man Ablagerungen aus der Endphase der Entstehung eines Gebirges – hier der Alpen –, die bis zu 1000 m mächtige Sedimentpakete bildeten. Darin wurden zahlreiche **Fossilien** entdeckt, meist viele Millionen Jahre alt, und sie stehen im Zentrum der einzigartigen Molasse-Ausstellung im ersten großen Ausstellungssaal.

Um die Fundstücke anschaulich darzustellen, wurden den Fossilien, soweit möglich, Lebewesen heutiger Zeit gegenübergestellt. Vielfach geschah dies in Form von Dioramen – in Vitrinen nachgebauten Lebensräumen mit der jeweils typischen Tierwelt. Außerdem verteilen sich auf mehrere Stockwerke **erdgeschichtliche** und **zoologische Abteilungen** und es gibt Ausstellungen zur **Geologie, Paläontologie, Mineralogie und Biologie.** Den Kern der Sammlung bilden alte Bestände, die überwiegend von Augsburger Naturfreunden und Mitgliedern des „Naturwissenschaftlichen Vereins für Schwaben und Neuburg" zusammengetragen wurden.

Im zugehörigen **Planetarium** gibt es unter einer 10 m messenden Kuppel eine „fantastische Reise ins All" und astronomisches Wissen wird informativ und unterhaltsam präsentiert.

❯ **Naturmuseum der Stadt Augsburg,** Besuchereingang in den Augusta Arcaden, Im Thäle 3 bzw. Ludwigstr. 2, Di.–So. 10–17 Uhr, 3,50 €, Sa. 1 €, Familienkarte 7 €

O40ab Abb.: mb

> **Sparkassen Planetarium Augsburg,**
Kombiticket mit Museum 7 €, Astro-
shows, Videoprogramme, Musikshows
u. a. Programm siehe: www.sska.net/
ifb/planetarium

Das Domviertel

*Das sich nördlich des Doms aus-
breitende Viertel ist das eigentliche
alte Zentrum der Stadt. Hier befand
sich einst der Kern der römischen
Metropole Augusta Vindelicum und
rings um die Domburg breitete sich
die nachantike mittelalterliche Stadt
aus. Kirchen, die historische Stadtbefestigung und malerische Gassen laden zum Spaziergang ein, wobei Aus-
gangs- und Endpunkt der alles überragende Augsburger Dom ist.*

**⑬ Der Hohe Dom
zu Augsburg** ★★★ **[D3]**

*Der schon im späten 8. Jh. entstan-
dene und im Laufe der Zeiten um-
und ausgebaute Dom befindet sich
im ältesten Viertel der Stadt, dort wo
bereits die Römer ihre Hauptstadt
errichtet hatten. Er bildet das kirchliche Pendant zum bürgerlichen Rathaus, das in Sichtweite liegt. An den
Dom schließen sich der Fronhof ⑭,
die ehemalige Fürstbischöfliche Residenz sowie das Diözesanmuseum
St. Afra ⑮ an.*

Der mächtige Dom im Norden prägt
zusammen mit dem Rathaus ❶ im
Zentrum und St. Ulrich und Afra ❻ im
Süden das Stadtbild. Die **Hohe Domkirche Unserer Lieben Frau,** auch
bekannt als **Hohe Domkirche Mariä**

Heimsuchung, ist zugleich die Kathedrale des Bistums Augsburg und Stadtpfarrkirche der **Dompfarrei Zum Heiligsten Herzen Jesu.**

Seit 1986 steht ein moderner **Brunnen** am Hohen Weg vor dem Südzugang zum Dom. Er erinnert an die drei Heiligen der Stadt – die heilige Afra und die Bischöfe Ulrich und Simpert. Links des Brunnens sind **archäologische Überreste** des spätrömischen Augsburgs zu sehen, Wohnungen und eine erste Kirche aus dem 5. Jh. Dahinter, an der sog. **Römermauer,** sind einige der wichtigsten Funde der Römerzeit in Kopien ausgestellt. Hinter der Mauer schließt sich die Grünanlage des Fronhofs an.

Vor der Südfront des Doms stehend, erhebt sich rechter Hand (am Hohen Weg) das **Dompalais,** der Sitz des Bischofs. Der Dom war ursprünglich Teil der ummauerten **Domburg,** allerdings weiß man über die Frühzeit des Baus nur wenig. Spuren eines ersten Großbaus, zwischen dem 5. und 8. Jh. entstanden, fanden sich bei Ausgrabungen in der Krypta und im Mittelschiff. Der unter Bischof Simpert Ende des 8. Jh. vollendete karolingische Bau ist durch Funde gesichert. Er stürzte 994 ein und 1065 wurde mit der Weihe des Westchor-Altars der Gemeinde eine neue romanische Pfeilerbasilika übergeben.

Das heutige **gotische Erscheinungsbild** geht auf einen weiteren großen Umbau zwischen 1331 und 1343 zurück. Er wurde jedoch erst mit der Errichtung des gotischen Ostchors (1365–1431) abgeschlossen. Die Türme wurden mehrfach umgebaut und fallen wegen ihrer spitzen Turmhelme auf. Während der Zeit des Barocks wurde der Innenraum entsprechend umgestaltet, doch schon 1852 bis 1863 ersetzte man die ba-

rocken wieder durch neugotische Stilelemente. 1934 und 1983/84 kam es zu umfangreichen Restaurierungen im Innenraum, die die einstige Pracht zurückbrachten.

Als Hauptzugang dienen zwei **Portale** – Marienpforten –, die im 14. Jh. an der Süd- und Nordseite entstanden. Das sehenswerte **Südportal** (um 1356) zeigt neben einer Madonnenstatue am Mittelpfosten Szenen aus dem Leben Marias, Propheten und Patriarchen, Apostel und Stifterfamilien sowie eindrucksvolle Szenen des Jüngsten Gerichts. Das **Nordportal** mit weiteren Marienszenen wurde 1967 durch eine Kopie ersetzt. Die stark verwitterten Originalteile von 1343 gelangten ins Diözesanmuseum **⑮**.

Für die prächtigen **Bronzetüren** mit 35 Relieftafeln, die Szenen aus dem Alten Testament zeigen und zum romanischen Bau gehörten, errichtete man 1863 das sog. Brautportal an der Südseite. Inzwischen befinden sich die Originaltüren jedoch ebenfalls im Diözesanmuseum, 2001 ersetzt durch das moderne **Millennium-Bronze-Portal** von Max Faller.

Der Dom ist 113 m lang, 40 m breit und seine Türme sind 62 m hoch. Das Mittelschiff erreicht 18 m Höhe, der Ostchor sogar 28 m. Die **Krypta** unter dem Westchor entstand schon im 10. Jh. unter Bischof Ulrich. Sehenswert sind **Fresken** aus romanischer und gotischer Zeit im Westteil des Doms, z. B. ein 14 m hohes Bild des Christophorus (1491) im südlichen Querhaus. Die **Prophetenfenster** über den Pfeilerarkaden an der Südwand des Mittelschiffs gelten als älteste figürliche Glasmalereien Deutschlands und datieren um die Mitte des 12. Jh. Bei den Restaurierungen in den 1980er Jahren wurde punktuell die ursprüngliche Farbgebung des Mittelalters mit weißen Wänden und rot aufgemalten Scheinmauern rekonstruiert, dazu wurden Fresken und Gewölbeschlusssteine freigelegt.

Zu den Schätzen der Kirche – vieles ging im Bombenhagel des Zweiten Weltkriegs verloren – gehören auch vier **Tafelbilder von Hans Holbein d. Ä.** (östlicher Mittelschiffpfeiler) und sehenswert sind zudem die sieben **Chorkapellen** mit kunstvoll geschmiedeten Eisengittern, Altarbildern, Glasmalereien und Grabmälern. Die Kreuzigungsgruppe am modernen Hochaltar stammt von 1962. Im nördlichen Seitenschiff liegt außer den Marien-, Katharinen- und Blasiuskapellen auch der Zugang zum Kapitelsaal und zum Kreuzgang. Dahinter befindet sich das Diözesanmuseum ⓯.

> Hohe Domkirche Unserer Lieben Frau, Hoher Weg, tgl. 7–18 Uhr (keine Besichtigung während Gottesdiensten), www.bistum-augsburg.de/index.php/bistum/Pfarreien/Zum-Hlgst.-Herzen-Jesu-_Augsburg-Dom/Der-Dom, auch Touren und Konzerte der Augsburger Domsingknaben

⓮ Fronhof ★ [C3]

Südlich und westlich des Doms breitet sich der Fronhof aus. In der **Parkanlage** steht unübersehbar das **Friedensdenkmal**, ein Reiterstandbild mit Krieger, der sein Schwert in die Scheide steckt. Es entstand 1876 in Erinnerung an den Frankreichfeldzug 1870/71 und den Friedensschluss mit der Gründung des zweiten Kaiserreichs. Am Südrand erhebt sich der **Burggrafenturm** (1505) mit einem **Doppeldenkmal** für Leopold und Wolfgang Amadeus Mozart. In der hier verlaufenden **Peutingerstraße** befindet sich eine Reihe histori-

scher Bauten aus dem 16. Jh., darunter das 1763 umgebaute Wohnhaus Konrad Peutingers (Nr. 11).

Der „Hof des Herrn" – „fro" ist das mittelhochdeutsche Wort für Herr – wird im Westen von der ehemaligen **Fürstbischöflichen Residenz** aus dem frühen 18. Jh. eingefasst, in der sich heute der Regierungssitz des Bezirks Schwaben befindet.

⌂ *Friedensdenkmal in der Parkanlage des Fronhofs*

⓯ Diözesanmuseum St. Afra ★ [C3]

An der Nordseite des Doms steht ein moderner Glaskubus, der in das 2000 eröffnete Diözesanmuseum führt. Teile des Museums befinden sich im Neubau, Teile im historischen Kapitelsaal sowie in einer Kapelle aus dem 15. Jh. Neben der originalen Bronzetür vom Dom-Südportal, einem Meisterstück romanischer Plastik, werden auf mehreren Etagen **sakrale Kunstwerke** aus der Zeit vom 6. bis 20. Jh. gezeigt. Zudem geht es um die **Geschichte des Bistums** und immer wieder finden sehenswerte Sonderausstellungen statt.

> Kornhausgasse 3–5, www.bistum-augsburg.de/museum, Di.–Sa. 10–17, So. 12–18 Uhr, 4 €, mit kleinem Museumsshop

⓰ Rund um die Schwedenmauer ★★ [D2]

Kaum eine andere Großstadt in Deutschland verfügt über derart große Überreste einer Stadtbefestigung wie Augsburg – Wehrmauern, Bastionen, Türme und Tore. Zu den sehenswerten Teilen gehört das Areal um das Rote Tor ㉖, zwischen Jakobertor (s. S. 93), Fünffingerlesturm (s. S. 94) und Oblatterwall ㉘ sowie der Abschnitt zwischen der Schwedenstiege und dem Lueginsland.

Das Äußere Pfaffengässchen [D2] führt ostwärts direkt zur **Stadtbefestigung.** Zuvor trifft man auf die römische Vergangenheit: Der neu angelegte, kleine **Archäologische Park** (Äußeres Pfaffengässchen, Di.–So. 10–17 Uhr, frei) informiert über das früher hier gelegene Verwaltungszentrum der römischen Stadt sowie über die Grabungsarbeiten im Dom-

KURZ & KNAPP

D'r Stoinerne Ma

Die **Figur** in einer Turmnische in der Stadtmauer erinnert an einen **Augsburger Bäcker,** der während einer Belagerung im Dreißigjährigen Krieg aus Sägemehl „Brote" gebacken hat und diese über die Mauer in den Graben warf. Bei den Belagerern entstand so der Eindruck, dass die Stadt noch genügend Vorräte hätte und sich eine weitere Belagerung nicht lohne. Die Figur ist eines der beliebtesten Symbole der Stadt: Das Berühren der Nase soll Glück bringen und inzwischen gibt es ein Musikertrio, das als „D'Stoinerne Männer" mit ihren Songs wie „Ja woisch" ihre Hommage an Augsburg über das Internet in die Welt hinaustragen.

★**167** [D2] D'r Stoinerne Ma

042ab Abb.: mb

viertel. Bereits in der Römerzeit war der Stadtkern von einer Wallanlage umgeben und diese wurde im Laufe der Zeit immer weiter ausgebaut und verstärkt. Besonders Stadtbaumeister Elias Holl war zwischen 1605 und 1626 für zahlreiche Umbauten verantwortlich.

Nach dem Anschluss der Freien Reichsstadt an Bayern im 19. Jh. wurden Teile der Stadtbefestigung, besonders im Westen und Süden, abgetragen und durch breite Alleen ersetzt. Etliche Abschnitte blieben jedoch verschont, z. B. hier im Domviertel, wo sich die **Schwedenmauer** hoch über den Unteren Graben erhebt. Ein malerischer Fußweg führt außen an der Mauer entlang, vorbei an der **Schwedenstiege** zum sog. **Stoinernen Ma** (s. S. 82). Der Name Schwedenmauer erinnert an die schwedische Besatzung im Jahr 1632.

Innerhalb des Mauerrings befindet sich dann etwa auf gleicher Höhe mit der Steinskulptur **St. Stephan**, nicht nur Benediktinerkloster mit Stiftskirche, die auf einen Neubau im 18. Jh. zurückgeht, sondern auch ein angesehenes humanistisch-musisches Gymnasium mit Internat. Neben St. Stephan steht das **Galluskirchlein** von 1590 (1. Sa. im Monat 13 Uhr Führung) und daneben führt das Gallusbergle wieder aus der Ummauerung heraus. Berühmt ist diese Stelle deswegen, weil hier Martin Luther 1518 bei seiner Flucht die Stadt verlassen haben soll.

⑰ Lueginsland ★ [D1]

Auf der Herwartstraße geht es hinauf zur **Bastion Lueginsland** (Lug ins Land), einem weiteren Teil der alten Stadtbefestigung. Steht man hier oben, versteht man den Namen, denn selbst heute reicht der Blick noch weit ins Land hinaus, wenngleich Bäume und die MAN-Fabrikbauten die Sicht etwas beeinträchtigen. Die Bastion und der anschließende Wall sind bei Spaziergängern beliebt, zumal sich zur Stärkung hier

oben ein malerischer **Biergarten** (s. S. 27) befindet.

Bis zum Eisstadion ⑱ sind Teile der alten Stadtmauer erhalten, z. B. das **Fischertor** (1924/25) oder das **Wertachbrucker Tor** (1605), ein von Elias Holl erbauter Geschützturm. In dem Park vor dem Tor findet alljährlich im September ein beliebtes Mittelalterfest statt (s. S. 14).

⑱ Curt-Frenzel-Stadion ★ [B3]

Südlich des Wertachbrucker Tors ist von der Stadtfestung nurmehr eine Parkanlage, der sog. **Schleifgraben,** erhalten. Der Name leitet sich von „Schleifen" ab, so nannte man einst das Schlittschuhlaufen, das hier schon seit dem 17. Jh. populär war. Im 19. Jh. entstand eine erste Eisbahn, die 1938 zu einer Natureisbahn mit Zuschauertribünen ausgebaut wurde. Gefördert vom ehemaligen Herausgeber der Lokalzeitung, Curt Frenzel, wurde das im Zweiten Weltkrieg zerstörte Stadion in den 1960er-Jahren ausgebaut und 1971 mit einem Dach versehen.

Zwischen 2009 und 2013 wurde das **Curt-Frenzel-Stadion** modernisiert und die vormals offenen Seiten – die das Zuschauen im Winter nicht sehr angenehm machten – wurden geschlossen. Unter dem unverhohlenen Spott der Augsburger musste dabei die Tribüne gleich zweimal errichtet werden, da es zunächst zu Sichtbehinderungen gekommen war. Ende gut, alles gut – seit 2013 freut man sich über die neue Heimat für den traditionsreichen **Augsburger Eislaufverein (AEV)**. Daneben, im Schleifgraben, wird derzeit noch an einer zweiten Eisbahn für den Publikumslauf gearbeitet. Wie es Tradition ist, soll dann hier – wie auch im Stadion selbst – jeder Normalsterbliche die „Schleifschuhe" anziehen und seine Bahnen ziehen können.

❯ Senkelbachstr. 2, Straßenbahn 4 „Brunntal", www.aev-panther.de/ curt-frenzel-stadion/stadioninfo.html

⑲ Die Heiligkreuz-kirchen ★ [C3]

Ein Musterbeispiel für das paritätische Nebeneinander der Konfessionen in Augsburg sind die beiden **Heiligkreuzkirchen** in der Heilig-Kreuz-Straße am westlichen Rand des Domviertels. Die kleinere **Evangelisch-Heiligkreuzkirche** entstand 1653 als Nachfolgebau der zuvor abgerissenen Ottmarskapelle. Die über Eck umlaufende Emporenbrüstung ist mit 18 Bildern (Anfang 17. Jh.) geschmückt, darüber hinaus hängen zahlreiche Gemälde aus dem 17. und 18. Jh., darunter Werke von Tintoretto, Bergmüller oder Schönfeld, an den Wänden.

Die sich direkt daneben befindende **Katholisch-Heiligkreuzkirche** wurde im gotischen Stil (1492–1508) errichtet und um 1719 dann barockisiert. Im Krieg zerstört, wurde sie in den 1950er-Jahren beim Wiederaufbau neogotisch gestaltet. Zu den Kostbarkeiten der Kirche gehört ein Bild mit der Himmelfahrt Mariens aus der Werkstatt von Rubens.

Traditionsreicher AEV

*1878 gegründet, ist der **Augsburger Eislaufverein (AEV)** der älteste Eissport betreibende Verein Deutschlands. Nur einmal musste man den Spielbetrieb einstellen: zu Kriegszeiten, 1944. Schon ein Jahr später griff man als „HCA" (Hockey Club Augsburg „Yellow Tigers") wieder ins Spielgeschehen ein und 1953 war der „AEV" zurück. Im Laufe der Jahrzehnte konnte sich der Klub sechsmal als Meister der 2. Liga (1967, 1976, 1978, 1986, 1992, 1994) feiern lassen.*

*1994 wurden die **Augsburger Panther** als Profiunternehmen aus dem Hauptverein ausgegliedert, da der Traditionsverein als eines der Gründungsmitglieder der DEL, der deutschen Profiliga, fungierte. Seither sind die Panther – die meisten Einheimischen nennen das Team weiterhin „AEV" – das sportliche Aushängeschild der Stadt. Auch wenn der Verein finanziell mit den „Großen" nicht mit-*
halten kann, schafft er es stets, spielstarke Mannschaften ins Rennen zu schicken. Kein Wunder, dass die Stadt aus dem Häuschen war, als die Panther 2010 die Vizemeisterschaft errangen – der bislang größte Erfolg in der Vereinsgeschichte!

Auch in der Jugendarbeit leistet der Klub seit Generationen Hervorragendes: 1975 wurde der AEV Jugend- und 1998 sogar Juniorenmeister. Einer der ehemaligen Topspieler des Vereins, der Deutsch-Kanadier Duanne Moeser, agiert inzwischen als Manager, andere unvergessene Namen sind Wolfgang Ambros, Klaus Merk, Ernst Köpf oder Ernst Höfner.

❯ *Augsburger Panther/AEV – www. aev-panther.de (auch Tickets). Das sehenswerte Eishockeymuseum – Hall of Fame Deutschland (www. eishockeymuseum.de) ist leider bis auf Weiteres wegen Raumproblemen geschlossen.*

> **Evangelisch Heilig Kreuz,** Heilig-Kreuz-Str. 7, www.heilig-kreuz-augsburg.de, Mo.–Fr. 10–11, 15–16, Sa. 10–11, 14–16, So. 8–11, 14–16 Uhr, regelmäßig Konzerte
> **Katholisch Heilig Kreuz,** Heilig-Kreuz-Str. 5, tgl. 9–17 Uhr

㉔ Mozarthaus ★ [C2]

In einem schmalen ehemaligen Handwerkerhaus in der mittelalterlich wirkenden Frauentorstraße mit all ihren Giebelhäusern erblickte Leopold **Mozart** am 14. November 1719 das Licht der Welt. Heute befindet sich im Mozarthaus eine **Gedenkstätte** für Leopold Mozart, für seinen berühmten Sohn **Wolfgang Amadeus** und die schwäbische Familie der Mozarts – erstmals 1331 urkundlich in Oberschönenfeld erwähnt. Die Ausstellung informiert über die Musik von Vater und Sohn, aber auch über ihre europaweiten Reisen, und zu den Ausstellungsstücken gehören historische Musikinstrumente, Handschriften, Notendrucke und Stiche.

(Lese-)Pause im Hofgarten

Nur wenige Schritte von Heiligkreuzkirchen und Dom entfernt verbirgt sich hinter hohen Mauern der **Hofgarten.** Er wurde 1739/40 als bischöflicher Park im Barockstil angelegt. Am zentralen Teich sind die fünf um 1744 entstandenen Stein-Gnome sehenswert. Der Park gehört seit 1965 im Sommer zu den Tipps für ein idyllisches Päuschen mitten im Stadtzentrum. Dazu lässt sich hier gut lesen: 2001 konstruierten die amerikanischen Künstler Michael Clegg und Martin Guttmann hier ihre Installation „Die offene Bibliothek". Die heute in vielen Städten umgesetzte Idee besteht darin, dass man Bücher beliebig entnehmen oder zurücklassen kann. Nach Ende der Kunstaktion setzten die Augsburger durch, dass im Hofgarten dauerhaft ein offener Bücherschrank aufgestellt wurde.

★**168** [C3] **Hofgarten,** Alte Gasse, April–Okt. tgl. 8–21 Uhr

☑ *Der Hofgarten bietet nicht nur viel Grün, sondern auch Lesevergnügen*

043ab Abb.: fotolia.com©Klaus Büth

Die Altstadt

In der nahen Jesuitengasse befindet sich das ehemalige **Jesuitenkolleg St. Salvator** (Nr. 12), das schon Leopold Mozart besuchte. Sehenswert ist hier im Obergeschoss der sog. **Kleine Goldene Saal**, 1765 im Rokokostil ausgestaltet. Heute wird der Festsaal für Konzerte genutzt.

> Frauentorstr. 30, www.kunstsamm lungen-museen.augsburg.de/index. php?id=19792, Di.–So. 10–17 Uhr, 3,50 €, mit kleinem Museumsshop. Mozarttouren s. Website.

Die Altstadt

Spricht man in Augsburg von der Altstadt, meint man damit nicht den gesamten Bereich der Stadt innerhalb der alten Befestigung, sondern die „Unterstadt". Diese breitet sich östlich der „Oberstadt" um die Maximilianstraße, die Augsburger Prachtmeile, aus. Die über steile Wege und Treppen erreichbare tiefer gelegene Altstadt ist zugleich das historische Handwerkerviertel mit engen, verschachtelten Gassen und unzähligen Wasserkanälen.

Im Gegensatz zur Oberstadt der Patrizier und Bürger war die Altstadt traditionell das Viertel der Handwerker und der „einfachen Leute". Daran hat sich bis heute prinzipiell nichts geändert, obwohl es zunehmend schick geworden ist, hier zu wohnen. Genau genommen gliedert sich die Altstadt in drei Teile: das **Lechviertel** im Osten, d. h. unterhalb von Rathaus und Maximilianstraße, das **Ulrichsviertel** zwischen St. Ulrich und Rotem Tor, und die **Jakobervorstadt.**

Das **Lechviertel** hat seinen Namen von den zahlreichen Lechkanälen, die das Viertel von Süden nach Norden durchziehen und die einst für die mittelalterlichen Handwerksbetriebe lebensnotwendig waren. Die Fortsetzung des Lechviertels im Südteil der Altstadt heißt **Ulrichsviertel**, während sich die Jakobervorstadt im Laufe des 13. Jh. östlich des alten Stadtkerns um **St. Jakob** separat entwickelt hat. Hier fanden Märkte statt, entstanden Handwerksbetriebe und die Fuggerei.

◁ *Kanäle sind typisch für die Altstadt Augsburgs, hier vor dem Brechthaus*

㉑ Stadtmetzg ⋆ [D4]

Einer der Wege, der von der Oberstadt hinunter führt, ist der **Perlachberg**. Er endet an der **Stadtmetzg**, einem massiven, auffälligen Gebäude, das zwischen 1606 und 1609 als Zunft- und Verkaufshalle der Metzger von Stadtbaumeister Elias Holl erbaut wurde. Mit Renaissancefassade und zwei großen Portalen – die bezeichnenderweise Rinderschädel zieren – wurde das Haus zur besseren Bewässerung und Müllentsorgung über einem der Lechkanäle erbaut. Ab 1712 war die Reichsstädtische Kunstakademie hier ansässig und heute wird das Gebäude, für das bereits zahlreiche sinnvollere Nutzungsmöglichkeiten im Gespräch waren, von der Stadtverwaltung genutzt. Gegenüber fällt der **Georgsbrunnen** (1575) auf, hinter ihm befindet sich die **Kresslesmühle** (s. S. 35).

❯ Metzgplatz, keine Besichtigung

㉒ Brechthaus ⋆ [D4]

Nur wenige Schritte von Stadtmetzg und Rathaus entfernt, befindet sich das idyllisch von Kanälen umflossene **Brechthaus**. Im Obergeschoss erblickte Eugen Berthold Friedrich Brecht (s. S. 57) am 10. Februar 1898 das Licht der Welt. Im Erdgeschoss befand sich eine Feilenhauerei, während sich die Familie Brecht die obere Wohnung mit zwei Mieterinnen teilte. Seit 1985 ist das Geburtshaus, das zum 100. Geburtstag Brechts neu gestaltet wurde, als **Gedenkstätte** zugänglich.

Gezeigt werden Exponate zu Kindheit und Jugend, Leben und Werk des bedeutenden, aber in Augsburg lange Zeit eher verschmähten Autors. Zur **Ausstellung** gehören auch wertvolle Originale und Erstausgaben seiner Werke. Zu sehen sind außerdem das Schlafzimmer von Brechts Mutter, ein Bühnenbild von 1949, Brechts Lebend- und Totenmasken und Kunstwerke verschiedener, teils mit ihm befreundeter Künstler wie Caspar Neher, Paul Hamann, Gustav Seitz oder Waldemar Grzimek. Eine Bibliothek gehört ebenfalls dazu und eine Videoinstallation mit Dokumentarfilmen stellt die Persönlichkeit Brechts und seine literarische Entwicklung vor.

❯ Auf dem Rain 7, Di.–So. 10–17 Uhr, 2,50 €

㉓ Barfüßerkirche ⋆ [D4]

In der nahen Barfüßerkirche wurde Bert Brecht getauft und konfirmiert. Damals sah die Kirche, die im frühen 15. Jh. als Teil eines Franziskanerklosters entstand und seit 1536 als evangelisches Gotteshaus fungierte, noch anders aus: Sie wurde nämlich im Zweiten Weltkrieg bis auf den Chor zerstört. Erhalten sind einige Bilder aus der Barockzeit und sehenswerte Holzskulpturen von Georg Petel (um 1630), darunter ein Kruzifix und ein segnendes Christuskind. Sehenswert ist auch der Innenhof, der an einen Klosterhof erinnert, und das angeschlossene **Café zu den Barfüßern** (s. S. 29) ist beliebter Treff.

Nur wenige Schritte von der Kirche entfernt, stößt man in der Pfladergasse auf die **Alte Silberschmiede** (s. S. 20). Der um 1250 entstandene und um 1550 umgebaute Handwerksbetrieb ist in einem typischen Beispiel für historische Handwerkerhäuser in der Altstadt untergebracht und zeigt noch heute die Bedeutung der Stadt als Zentrum der deutschen Gold- und Silberschmiedekunst.

In Betrieben wie diesem entstand einst das weltberühmte Augsburger Tafelsilber.

❯ Mittlerer Lech/Barfüßerstr.,
www.barfuesser-augsburg.de,
Kirche außer Mi. ganztägig geöffnet

㉔ Gignoux-Haus ★ [D4]

Das **Gignoux-Haus** am Vorderen Lech 8 ist ein einst prächtiger, heute eher maroder Rokokobau, der – man mag es kaum glauben – 1764/65 als Kattunfabrik erbaut wurde. 1822 zog im Erdgeschoss das Gasthaus Blaues Krügle ein, das über einen großen Saal verfügte. Diesen benutzte das Stadttheater nach dem Krieg als Ersatzspielstätte und ab 1956 als feste Bühne. Diese sog. **Komödie** (Schauspiel und Ballett) musste 2010 aufgrund von Baumängeln schließen und seither wartet das Gebäude auf eine Sanierung und sinnvolle Nutzung. Die Sparte Schauspiel ist in die sogenannte brechtbühne beim Stadttheater ⓫ umgezogen.

Ein Stückchen weiter, ebenfalls am Vorderen Lech, steht das **Holbeinhaus**, 1496 vom Maler Hans Holbein d. Ä. erworben und 1497 oder 1498 Geburtsort seines Sohnes Hans d. J. 1964 wurde es nach Kriegsschäden als Gedenkstätte und Sitz des **Kunstvereins Augsburg** (s. S. 38), Wechselausstellungen) neu eröffnet.

❯ Vorderer Lech 8, nicht zu besichtigen

㉕ Augsburger Puppenkiste ★★★ [E6]

Die von Walter Oehmichen 1848 eröffnete Puppenkiste und ihre Akteure sind ein Symbol der Stadt und dank der TV-Übertragungen deutschland-, wenn nicht sogar weltweit bekannt geworden. Seit 2001 macht das Mu-

seum „Die Kiste" im Obergeschoss des historischen Heilig-Geist-Spitals das Erlebnis perfekt.

Längst ist die Augsburger Puppenkiste mit über 400 Aufführungen im Jahr „schwäbisches Kulturgut". Denn wer kennt sie nicht, die Abenteuer von Urmel auf der Insel Titiwu oder von Jim Knopf und Lukas mit ihren Lokomotiven auf der Insel Lummerland? Seit Generationen ist die Puppenkiste ein **Familienbetrieb**. Gegenwärtig hat Klaus Marschall die Leitung des von seinem Großvater gegründeten Puppentheaters inne. Nachdem Walter Oehmichen während des Zweiten Weltkriegs in Frankreich diese Form des Theaters kennengelernt hatte, begann er in Augsburg mit einem Wandertheater, das jedoch in der Bombennacht im Februar 1944 zerstört wurde. 1948 eröffnete Oehmichen dann die Puppenkiste im Heilig-Geist-Spital.

Die Puppenkiste ist **kein reines Kindertheater** und es werden auch nicht nur Märchen gespielt: Schon 1960 wurde z. B. Brechts „Dreigroschenoper" aufgeführt. Unsterblich wurde die „Kiste" aber mit Geschichten wie „Urmel aus dem Eis", „Jim Knopf und Lukas der Lokomotivführer", „Kater Mikesch", „Der Löwe ist los" und „Bill Bo und seine Kumpane". Dabei spielte das **Fernsehen** eine entscheidende Rolle: 1953 wurde dort erstmals „Peter und der Wolf" gezeigt und in den nächsten 60 Jahren kam es zu 147 Produktionen. Generationen Deutscher wuchsen mit den Sendungen der Puppenkiste auf und bis 1994 strahlte der Hessische Rundfunk regelmäßig um Weihnachten herum neue Folgen aus. Von 1959 bis 1989 schickte das „Sandmännchen" abends Kinder ins Bett und bis dato läuft in BR Alpha sonntags „Ralphi, der Schlaubär" – eine Produktion aus den Jahren 2005/2006 in 138 Folgen. Seit 2013 wird im BR neu „Freitag auf d'Nacht" gezeigt. Immer um 23 Uhr gibt es in dieser Talkshow kabarettistische Einlagen der Puppenkistenakteure zu aktuellen Themen.

Auch im **Kino** waren die Helden der Kiste schon zu sehen: Die Abenteuer von „Monty Spinneratz" und seiner Rattenfreunde in der New Yorker Subway wurden tatsächlich teilweise vor Ort gedreht. Kein Wunder, dass die Kiste in Augsburg Kultcharakter hat und sogar lokale **Profisportler** dafür Reklame machen. So erhalten die Gegner des FCA vor Bundesliga-Begegnungen keinen Wimpel überreicht, sondern eine Jim-Knopf-Marionette, und für das Eishockeyteam stellen ein Mammut und ein Neandertaler als AEV-Fans auf dem Videobildschirm in der Arena den jeweiligen Gegner vor.

Aber auch die **Vorstellungen** in dem schmucken Theater (218 Plätze) – meist zwei am Tag (Mi./Fr.–So., in der Ferienzeit tgl.), wobei abends häufig „Kabarett" oder andere Stücke für Erwachsene auf dem Programm stehen – sind zu fast 90 % ausgelastet. 16 Puppenspieler und 19 weitere Angestellte sorgen für den reibungslosen Ablauf, daneben geht die Kiste im Sommer regelmäßig auf **Tournee**. Selbst in den USA und Japan ist das Theater mit seinen altertümlichen, aber mit viel Liebe zum Detail gestalteten Kulissen und seinen unvergleichlichen Figuren bekannt und beliebt. Die **Marionetten** stammen großteils von Hannelore Marschall (1931–2003), der Tochter des Gründers, und sind mit handgeschnitzten Köpfen, Händen und Füßen aus Lindenholz und handgefertigten Kostümen ausgestattet.

Die Puppenkiste ist im historischen Baukomplex des **Heilig-Geist-Spitals** untergebracht. Die vierflügelige Anlage mit Arkadenhof war das letzte Werk des Stadtbaumeisters Elias Holl und wurde 1631 fertiggestellt. Ein städtisches Krankenhaus ist hier sogar schon seit 1150 urkundlich bezeugt. Die große, dreischiffige und mehrfach abgeteilte Gewölbehalle im Inneren des lang gestreckten Hauptbaus wird heute von der Puppenkiste genutzt. Im Südteil verbirgt sich eine protestantische Kapelle und im nordöstlichen Trakt beherbergt das Spital ein Seniorenwohnheim.

Durch den großen Innenhof an der Kirchgasse geht es nicht nur zum Hintereingang des Museums Die Kiste, sondern es führt auch ein Durchgang zum **Handwerkerhof** mit drei Was-

⌃ Urmel aus dem Eis, eine der bekannten Figuren der Puppenkiste

sertürmen und dem **Schwäbischen Handwerkermuseum** (s. S. 39).

Das **Brunnenmeisterhaus** ist unter Leitung des damaligen Stadtbrunnenmeisters Caspar Walter um die Mitte des 18. Jh. entstanden. Der begrünte Innenhof ist im Sommer ein lauschiges Idyll und an Adventswochenenden malerischer Standort eines Kunsthandwerksmarktes.

Nördlich des Spitals steht das ehemalige Dominikanerinnenkloster **St. Margareth** mit Innenhof (ehem. Wollmarkt) und kleiner Barockkapelle an der Nordwestecke. Im Neubau an der Südseite befindet sich ein Café und ein Durchgang führt zur Rote-Tor-Anlage und zum Kräutergarten.

Auch wenn man keine Vorstellung der Augsburger Puppenkiste besucht, sollte man einen Blick ins Foyer werfen und „Die Kiste" anschauen. In diesem Museum erwachen die Kindheitshelden aus dem Fernsehen zu neuem Leben. Es gibt eine nachgebaute Werkstatt, Originalkulissen und Szenen aus verschiedenen Stücken und viele Marionetten zu sehen. In zwei kleinen Theatern laufen außerdem Ausschnitte aus den legendären TV-Serien.

❯ Spitalgasse 15, mit Laden und Café-Bistro (gemütlich im Foyer, kleine Gerichte und Getränke) sowie Augsburger Puppentheatermuseum Die Kiste (1. Stock), Museum: Di.–So. 10–19 Uhr (bei Vorstellung 19.30 Uhr), 4,50 €, Shop: Di.–So. 10–18/19.30 Uhr, Bistro: Di.–So.11.30 Uhr bis Mitternacht. Programm: www.augsburger-puppenkiste.de, gelegentlich auch Konzerte u. a. Veranstaltungen.

⌐ *Eines der Stadttore wurde von Elias Holl erbaut: das Rote Tor*

㉖ Am Roten Tor ★★★ [E7]

Das Rote Tor ist nicht nur optisch das herausragendste Stadttor Augsburgs, davor befindet sich auch die einzigartige Freilichtbühne und daneben stehen gleich drei historische Wassertürme. Der Rote Torwall mit dem alten Stadtgraben ist heute ein beliebter Erholungspark mitten in der Stadt, Teil davon ist ein ungewöhnlicher Kräutergarten.

Südlich des Heilig-Geist-Spital schließt sich die Stadtbefestigung um das **Rote Tor** an. Es gewährte früher Reisenden, die auf der römischen Via Claudia Augusta von Süden kamen, Einlass in die Stadt.

Das heutige rot-beige gestrichene, massive Tor wurde 1622 vom Stadtbaumeister Elias Holl auf mittelalterlichen Fundamenten errichtet. Das niedrigere Vortor entstand schon Mitte des 16. Jh., der **Rote Torwall**, der sich als Rundbastion anschließt, stammt von 1611. Steigt man von der Seite der Remboldstraße die wenigen Schritte den **Roten Torwall** hinauf, bietet sich ein schöner Blick auf die Wassertürme, St. Ulrich, die Altstadt, die Freilichtbühne und die Torwallanlage.

In der 1929 eingerichteten **Freilichtbühne** mit über 2000 Plätzen finden jeden Sommer Aufführungen des Stadttheaters sowie Konzerte statt (s. S. 34). Der sich östlich anschließende einstige Stadtgraben und der Vorbereich des Torwalls bilden eine beliebte Grünanlage mit Wegen, Spiel- und Rasenflächen. Sie wird im Sommer gelegentlich für das **Historische Bürgerfest** (s. S. 13) genutzt.

Der Park endet im Norden beim städtischen **Kräutergärtlein**. Seine Ursprünge reichen ins Jahr 1530 zurück, wobei der Entwurf an die Tradition der Klostergärten erinnert. Jeder kann hier kostenlos kleine Mengen an Kräutern pflücken und sich zwischen Blumenrabatten, schattenspendenden Bäumen und Pflanzenraritäten erholen.

Folgt man den Wallanlagen weiter nach Norden, stößt man beim unübersehbaren modernen Einkaufszentrum **City-Galerie** auf ein weiteres Stadtor, das **Vogeltor**. Es entstand 1374/75, als man die Jakobervorstadt (s. S. 93) in die Stadtbefestigung einbezog.

Zwischen dem Roten Torwall und dem Handwerkerhof fallen drei **Wassertürme** auf: Zum einen sind da die auffälligen **Zwillingstürme** direkt neben dem Roten Tor, der **Große** (zwei achteckige Obergeschosse, Balustrade) und der **Kleine Turm** (zwei sechseckige Obergeschosse, Kuppel). Sie stammen aus dem 15. Jh., erhielten ihr heutiges Aussehen im 16. bzw. 17. Jh. und wurden im 18. Jh. modernisiert. Die auch architektonisch aufwendig gestalteten Türme dienten der Wasserversorgung der Oberstadt. Das Wasser wurde von den Kanälen in die Reservoirs in den Türmen hochgepumpt und von dort weitergeleitet (s. S. 60).

In unmittelbarer Nähe befindet sich auch der dritte der ursprünglich fünf Wassertürme: der **Spital- oder Kastenturm** mit zwei achteckigen Obergeschossen, rot gestrichen und mit abschließender Balustrade. Er gehörte einst zur mittelalterlichen Festung und wurde erst nach deren Umbau Ende des 16. Jh. zum Wasserturm umfunktioniert und von Elias Holl in den Spitalbau integriert.

- ●**169** [E6] **Augsburger Kräutergärtlein,** Am Rabenbad (Zugang vom Stadtgraben oder durch den Spitalhof), Apr.–Okt. tagsüber geöffnet

046ab Abb.: fotolia.com/©manfredxy

EXTRATIPP

Augsburger Handwerkerweg

Der „Augsburger Handwerkerweg" führt ausgehend vom Schwäbischen Handwerkermuseum (s. S. 39) **zu 31 Handwerksbetrieben** vom Roten Tor im Süden bis zum Wertachbrucker Tor im Norden. Entlang der Route durch die historische Altstadt erhält man Infos zu Berufen wie Schuhmacher, Schneider, Metallbauer, Bäcker oder Friseur sowie zu selteneren Handwerken wie z. B. Geigenbau, Korbflechten, Kürschnerei oder Gerberei. In der Stadt des „Augsburger Silbers" bilden dabei **Gold- und Silberschmiede** einen thematischen Schwerpunkt. Die Regio Augsburg Tourismus GmbH (s. S. 114) hat dazu das Taschenbuch „Handwerk in Augsburg. Der Augsburger Handwerkerweg" herausgegeben. Spezielle Führungen gibt es ebenfalls:

> ❯ www.augsburg-tourismus.de,
>   Tel. 0821 502070.

㉗ Fuggerei ★ ★ ★ [E4]

Die im frühen 16. Jh. von Jakob Fugger ins Leben gerufene Fuggerei gilt als die „älteste Sozialsiedlung der Welt". Noch heute erfüllt die Institution ihren Zweck als soziales Wohnungsbauprojekt, ist jedoch zugleich ein viel besuchtes Open-Air-Museum.

Zwischen 1516 und 1523 wurde die Fuggerei nach Plänen von Thomas Krebs als Wohnsiedlung für bedürftige Augsburger Bürger, v. a. Handwerker und Taglöhner, errichtet. Die Stiftungsurkunde von Jakob Fugger, dem „Reichen", stammt von 1521. Die „Fuckerey" gilt heute als die **älteste** bestehende Sozialsiedlung der Welt, eine „Stadt in der Stadt" mit Kirche, Mauer und drei Toren.

Auf standardisierten Grundrissen entstanden **zweigeschossige kleine Wohnungen**, insgesamt 140 in 67 Häusern. Mit Küche, Wohnstube, Kammer und Schlafstube waren sie für die Entstehungszeit großzügig geplant und modern ausgestattet. Die Jahres(kalt)miete für eine Wohnung in der Fuggerei beträgt bis heute den nominellen Gegenwert eines Rheinischen Gulden, derzeit 0,88 €. Dazu kommen die „normalen" Nebenkosten. Darüber hinaus verpflichtet sich der Mieter, täglich **drei Gebete** für den Stifter und seine Familie zu sprechen. Noch immer werden die Tore um 22 Uhr geschlossen, danach öffnet der Nachtwärter nur nach Hinterlegung einer „Sperrgebühr".

Rund 160 Menschen wohnen heute in der Fuggerei und als Kriterium für die Aufnahme gilt, dass sie ohne eigenes Verschulden in Armut geraten, katholisch und Augsburger sind. **Prominentester Bewohner** war einst der Maurermeister Franz Mozart, der Urgroßvater des weltberühmten Komponisten. Bis heute wird die Sozialsiedlung nahezu ausschließlich aus dem Stiftungsvermögen (Forstwirtschaft und Immobilien) finanziert. Leiterin der **Fugger'schen Stiftung** ist gegenwärtig Elisabeth Gräfin Thun-Fugger, die der Linie Fugger-Kirchberg-Weißenhorn angehört. Die beiden anderen Familienlinien sind Fugger-Babenhausen und Fugger von Glött. Heute wird rund eine halbe Million Euro jährlich für den Erhalt des Komplexes benötigt und aus diesem

047/ab Abb.: mb

◁ *Die Fuggerei ist Open-Air-Museum und Wohnsiedlung in einem*

EXTRATIPP

Jakobervorstadt

Verlässt man die Fuggerei durch das Saugassentor, steht man auf dem **Jakoberplatz** mit dem **Neptunbrunnen** aus dem 16. Jh. (ursprünglich zwischen Rathaus und Perlachturm aufgestellt) und der St.-Jakobs-Kirche in Sichtweite. Seit etwa 1000 treffen sich hier Jakobus-Pilger auf dem Weg nach Santiago de Compostela (Infotafel an der Fassade).

Die **Jakobervorstadt** entstand im 13. Jh. östlich der mittelalterlichen Festung. Um 1340 wurde das Siedlungsareal mit einer Holzpalisade in die Stadtbefestigung einbezogen. Erst im Laufe des späten 15. Jh. wurde das Provisorium durch eine turmbewehrte Mauer ersetzt. War die Oberstadt das Viertel der Patrizier und die Unterstadt das der Handwerker, fanden hier – wo genügend Fläche zur Verfügung stand – vor allem **Märkte** wie Roß-, Sau- und Rindermarkt sowie Volksfeste statt. Noch heute feiert man hier das **älteste Volksfest Augsburgs**, die Jakober Kirchweih (s. S. 13).

Im Laufe des 14. Jh. entstand die **St.-Jakobs-Kirche,** die damals noch eng von Häusern und Läden umschlossen war. 1521 wandte sich die Kirchengemeinde als eine der ersten in Augsburg dem Protestantismus zu, blieb aber in einem der Anbauten Anlaufstelle der Pilger. Im 18. Jh. wurde das Langhaus zum Saalbau umgestaltet, 1944 wurde es im Krieg völlig zerstört, 1947 wiederaufgebaut und 1988 saniert. Im Inneren sind ein handgewebter Sternenweg-Teppich und eine bronzene Jakobusdarstellung sehenswert. Vor dem Ostchor steht seit 1994 der **Jakobspilgerbrunnen** mit dem heiligen Jakobus und Wallfahrern.

Im Osten der Jakobervorstadt erhebt sich unübersehbar das **Jakobertor**. Im 14. Jh. als wichtiger Stadtzugang aus Richtung München entstanden, erhielt es erst Anfang des 16. Jh. sein jetziges Aussehen. Um 1540 kamen mächtige **Wallanlagen** wie der **Jakoberwall** (im Süden) sowie der **Oblatterwall** (im Norden) dazu.

Grund wurde – sehr zur Empörung der Augsburger – vor ein paar Jahren ein Eintrittsgeld eingeführt.

Der **Hauptzugang** liegt an der Jakoberstraße und hier stößt man auf die **Markuskirche** und auf das Markusplätzle. Das kleine Gotteshaus der Siedlung wurde von Elias Holls Vater Hans erbaut. Die Herrengasse führt dann ins Zentrum der Anlage. Von ihr zweigen **verschiedene Gassen** – Finstere, Mittlere und Hintere Gasse sowie die Ochsengasse und die Neue Gasse – ab. Im Osten führt die Saugasse zu einem weiteren Tor, durch das man auf den Jakobsplatz gelangt. Ein dritter Einlass befindet sich an der Ochsengasse.

Abgesehen von einem idyllischen Spaziergang über ein Areal mit seinen Häusern und Gärten, auf dem die Zeit stehen geblieben zu sein scheint, kann man auch eine **originale Musterwohnung** besichtigen. Daneben dokumentieren im **Fuggereimuseum** (Mittlere Gasse 13) ein Film und Ausstellungsstücke wie Dokumente und Fotos die Geschichte der Fugger und der Fuggerei. Am Ende bietet das **Fuggerei-Lädle** Literatur zum Thema und passende Souvenirs. Dazu wird in einem kleinen Café (im Sommer auch im Freien) für das leibliche Wohl gesorgt.

❯ Fuggerei 56 (Haupteingang Jakoberstr.), www.fuggerei.de, Apr.–Sept. 8–20, Okt.–März 9–18 Uhr, 4 € (Familien 8 €), Fuggerei-Lädle, Ochsengasse 46, Mi.–So. 10.30–18.30 Uhr, Café und Biergartenbetrieb bei schönem Wetter

28 Oblatterwall ★ [F2]

Folgt man der Wallanlage vom Ja-kobertor nach Norden (Untere Ja-kobermauer bzw. Oblatterwallstr.), stößt man auf den **Fünfgratturm**, der wegen der fünf Spitzen von den Einheimischen „Fünffingerlesturm" genannt wird. Mitte des 15. Jh. als Wehrturm errichtet, steht er nach Ab-riss der Stadtmauer heute einsam am Stadtgraben.

Bevor man am Oblatterwall die Nordostecke der Stadtbefestigung er-reicht, geht es vorbei am **Unteren St. Jakobs-Wasserturm.** Wie der zerstör-te Obere St. Jakobs-Wasserturm ent-stand er zwischen 1604 und 1609 am Reißbrett des Stadtbaumeisters Elias Holl. Zusammen mit den drei Wasser-türmen am Roten Tor 26 sorgte er für die Wasserversorgung in der Stadt.

Der **Oblatterwall** stammt aus der zweiten Hälfte des 15. Jh. und erhielt seinen Namen entweder von einem Pulvermacher namens Oblatter oder vom einst gegenüberliegenden „Blat-terhaus", wo die an „bösen Blattern" (Syphilis) Erkrankten untergebracht waren. Um 1540 wurde die Anlage zu einer Rundbastion mit Turm ausge-baut und 1625 von Elias Holl umge-staltet. 1901 gerieten dann der Wall und die hier besonders gut erhaltene Grabenanlage in die Schlagzeilen: Al-bert Gollwitzer (1839–1917), lokaler Bauunternehmer und Architekt, woll-te hier den von den Augsburgern mit viel Spott bedachten **Augsburger Ka-nalhafen** erbauen, der sogar an die Donau angeschlossen werden soll-te. Übriggeblieben ist ein seeartiger Kanal um den Oblatterwall, der als „Kahnfahrt" firmiert und zu den be-liebten lokalen Ausflugszielen mit Biergarten und Bootsvermietung (s. S. 27) gehört.

Das Textilviertel

Auf knapp 2 km² Fläche erstreckt sich östlich der alten Stadtbefestigung bis zum Lech hin das Textilviertel. Ende des 19. Jh. galt Augsburg als „deut-sches Manchester". Zur Blütezeit gab es 21 Textilfabriken, die über 10.000 Arbeiter beschäftigten. Diese Epoche der Stadt wurde im tim, einem Muse-um in einer der ehemaligen Fabriken, eindrucksvoll in Szene gesetzt.

Schon lange vor der Industrialisie-rung war Augsburg ein **Textilzentrum:** Um 1500 sind bereits 1000 Weber in Augsburg dokumentiert – auch die Vorfahren der Fugger waren übrigens Weber. Als im frühen 17. Jh. bunt be-druckte Baumwollstoffe aus Indien zur Konkurrenz wurden, entstand 1689 in Augsburg die erste Kattun-druckerei. Mit Johann Heinrich von Schüle, der 1770/72 die Schüle'sche Kattunmanufaktur am Roten Tor er-baute, setzte dann die Industrialisie-rung ein.

In den 1830er-Jahren entstanden **erste große Firmen** wie die Augs-burger Kammgarn-Spinnerei (AKS – 1836) und die Mechanische Baum-woll-Spinnerei und Weberei Augsburg (SWA – 1837). 1847 folgte die Blei-cherei und Färberei Martini & Cie. und 1885 die NAK (Neue Augsbur-ger Kattunfabrik). Da innerhalb der Stadtmauern Platzmangel herrschte, siedelte sich das Textilgewerbe auf einem unbebauten Areal östlich der Altstadt (Richtung Lech), im heutigen Textilviertel, an. Ein Vorteil war der nahe Lech, der kostenlos die nötige Energie lieferte. Repräsentative Fab-rikbauten, aber auch Unternehmer-villen und Arbeitersiedlungen, wie sie heute noch teilweise im Kammgarn- oder Provianbachquartier erhalten sind, entstanden.

Fabrikarchitektur im Textilviertel

Außer der Kammgarnspinnerei (AKS), Sitz des tim ㉙, gibt es weitere historische Industriebauten:

★170 [cg] **Färberturm**, Schäfflerbachstr. 26. Der 1760 erbaute Turm diente dem Trocknen der Kattunstoffe. 2012 bei einem Brand beschädigt, ist er das letzte erhaltene Bauwerk dieser Art in Augsburg. Seine Zukunft ist ungewiss. Typisch ist der rechteckig gemauerte Sockel mit Holzaufbau und Trockenvorrichtung.

★171 [dg] **Fabrikschloss**, Proviantbachstr. 30. Der Prachtbau im Ostteil des Viertels entstand 1895 bis 1898 als zweiter Teil des Werks III für die SWA. Neben Büros und Läden (u. a. OBI-Filiale) ist hier heute auch das Atelier des Malers Max Kaminski zu finden.

★172 [H4] **Glaspalast**, Beim Glaspalast 1. Der Bau entstand 1910 als eines der ersten Stahlskelett-Hochhausbauten Deutschlands für die SWA und stammt vom Reißbrett des Stuttgarter Architekten Philipp J. Manz. Das palastartige Fabrikgebäude wurde von den Augsburgern zum „Glaspalast" erklärt, da nachts durch die großen Fenster das Licht wie aus einem Palast weithin strahlte. 492 Webstühle waren einst in Betrieb und fast 3000 Menschen arbeiteten hier. Nach dem Konkurs der SWA übernahm die Stadt das Gebäude, 1999 kaufte es der Bauunternehmer Ignaz Walter und sanierte es für seine Kunstsammlung (s. S. 38). Zudem befinden sich hier u. a. das H2 – Zentrum für Gegenwartskunst (s. S. 38), die Staatsgalerie Moderne Kunst und das Restaurant Magnolia (s. S. 24).

★173 [H5] **Martini-Park**, Provino-/Schäfflerbach-/Reichenberger Str. Die ehemalige Bleicherei, Färberei, Druckerei und Appreturanstalt ist heute ein Gewerbepark.

★174 [F7] **Schüle'sche Kattunmanufaktur**, Friedberger/Ecke Remboldstr. 1770 bis 1772 erbauter Komplex. Von der dreiflügeligen, an ein Barockschloss erinnernden Manufaktur ist heute nur noch der Kopfbau erhalten (FH Augsburg).

In der **Nachkriegszeit** erlebte die Textilindustrie einen letzten Boom, Ende der 1950er-Jahre waren über 17.000 Menschen im Textilsektor tätig. Im Zuge der Globalisierung und mit Aufkommen billiger internationaler Konkurrenz war der Niedergang jedoch unabwendbar: Die SWA schloss 1986, die NAK folgte 1996 und die Kammgarn-Spinnerei 2002. Der Verfall vieler Industriebaudenkmäler war damit vorprogrammiert.

Erst die Einrichtung des **tim** ㉙ auf dem Gelände der AKS im Jahr 2010 sorgte dafür, dass zumindest ein Teil des Textilviertels gerettet wurde. Das **Stadtarchiv** soll bis 2016 in einer benachbarten Halle einziehen (bisher am Stadtmarkt), ansonsten beschränken sich die Konzepte derzeit jedoch in erster Linie auf den Bau neuer Wohnanlagen, „Stadthäuser" genannt. Dazu sind ein Studentenwohnheim, Büros und das Kesselhaus Design-Hotel geplant.

㉙ tim – Staatliches Textil- und Industriemuseum ★★★ [G5]

In Teilen der historischen Maschinenhallen der 1836 gegründeten Augsburger Kammgarnspinnerei eröffnete im Januar 2010 das Staatliche Textil- und Industriemuseum, kurz „tim". Es erinnert an Augsburgs Vergangenheit als Textilstadt und gehört zu den derzeit innovativsten und sehenswertesten Museumsprojekten Bayerns.

049ab Abb.: mb

Allein schon die Art der Renovierung und Umgestaltung der Industriebauten zu einem modernen Museum ist sehenswert, dazu gibt die Ausstellung einen umfassenden und unterhaltsamen Einblick in die Textilindustrie und damit auch in die Industrialisierung der Stadt und Bayerns. Dass das Konzept wegweisend ist, belegen die Besucherzahlen (über 100.000) und mehrere Auszeichnungen, die das tim innerhalb kurzer Zeit eingeheimst hat, zuletzt 2012 „The Best in Heritage".

Auf 2500 m² Dauerausstellungsfläche – das tim verfügt insgesamt über das Doppelte – stehen vier „M" im Mittelpunkt: **Mensch – Maschine – Muster – Mode.** Es geht also nicht nur um die Geschichte der Textilindustrie und deren Unternehmen, um Jahreszahlen und Namen, sondern auch um die Beschäftigten, die Arbeitsbedingungen und die durch die Textilindustrie hervorgerufenen Veränderungen in der Stadt.

Das Museum ist dreiteilig: Einerseits gibt es in einer großen Halle restaurierte **historische Webstühle** u. a. Maschinen (Vorführungen), in kleineren „Kabinetten" werden His-

torie und Fakten anschaulich gemacht und schließlich geht es um **Mode.** Das Herzstück des tim sind nämlich 550 gerettete **Musterbücher** mit Stoffmustern aus NAK-Beständen von den 1780er- bis zu den 1990er-Jahren. Teile davon sind ausgestellt. In einer letzten Abteilung geht es um die Mode im Lauf der Zeiten.

Im Obergeschoss finden außerdem interessante **Wechselausstellungen** mit den Themenschwerpunkten Textil, Kunst oder Industrie statt. Viele andere Veranstaltungen – von Theater über Modenschauen bis zu Workshops – stehen ebenfalls auf dem Programm.

❯ Provinostr. 46, www.timbayern.de, Straßenbahnlinie 6 bis „Textilmuseum", Di.– So. 9–18 Uhr, 4 € (1. So. im Monat 1 €), Extragebühr für Sonderausstellungen. Es gibt Führungen, Kinderveranstaltungen, Workshops und Events sowie einen Laden, in dem u. a. vor Ort hergestellte Textilien verkauft werden (s. S. 20), und das Restaurant nunó (s. S. 24).

⌂ *Ehemalige Mitarbeiter erklären im tim die Funktionsweise der Webmaschinen*

㉚ Kälberhalle ★ [H3]

Die Kälberhalle ist ein Relikt des **ehemaligen Schlacht- und Viehhofes**, der zwischen 1900 und 2004 hier am Rande des Textilviertels in Betrieb war. In den 1970er-Jahren war der Komplex mit insgesamt 22 Gebäuden aufwendig zum damals zweitgrößten Schlacht- und Viehhof in Bayern (nach dem in München) ausgebaut worden.

Nachdem 2004 im Süden ein neuer Schlachthof entstanden war, verfiel das Gelände. Heute sind noch einige Bauten im Eingangsbereich sowie die Großvieh- bzw. Kälbermarkthalle erhalten.

Diese sog. **Kälberhalle** wurde vorbildlich zurückhaltend renoviert. 2012 eröffnete Hasen-Bräu hier eine **Hausbrauerei** mit Restaurant und Biergarten. Mit ihren rund 1700 m² wirkt die heute modern gestaltete Halle wie eine Basilika mit dreischiffigem Grundriss. Der Vorplatz mit seinem „Kastanienwald" – die Bäume sind vielfach an die 100 Jahre alt – wird als Biergarten genutzt.

❯ **Augsburger Brauhaus Zum Hasen,** Berliner Allee 36, Tel. 0821 4556566, www.kaelberhalle.de, tgl. 10–23 Uhr. Etwa 400 Plätze, Veranstaltungen und Biergartenbetrieb. Bekannt für Brauerfladen und Treberschnitzel, aber auch andere schwäbische Spezialitäten.

Weitere Sehenwürdigkeiten rund um das Zentrum

㉛ Synagoge ★★ [C5]

Zwischen Königsplatz und Hauptbahnhof verbirgt sich hinter den lang gestreckten „Gemeindehäusern" die Synagoge. Der **sehenswerte Kuppelbau** wurde zwischen 1913 und 1917 nach Plänen der Münchner Architekten Fritz Landauer und Heinrich Lömpel in für die damalige Zeit ungewöhnlich modernem Stil erbaut. Die Pogromnacht im November 1938 sorgte für schwere Schäden, die 1974 bis 1985 beseitigt wurden. Seither erstrahlt die Synagoge in altem Glanz.

Über den Innenhof mit **Lebensbrunnen** erreicht man im Westtrakt das Jüdische Kulturmuseum und durch dieses hindurch die **Synagoge**, genauer, die Frauenempore. Der mit einer 29 m hohen Kuppel versehene, in fast mystisches Licht getauchte **Zentralraum,** der die Form eines byzantinischen Kreuzes aufweist, verbindet verschiedene künstlerische Stilelemente – orientalisch-byzantinische und Jugendstil-Ornamentik – mit modernster Konstruktionsweise.

Die blaugrüne Kuppel wird von einem **goldenen Mosaik** überzogen, doch auch die übrige ikonografische Ausgestaltung ist üppig. Sie reicht vom farbigen Mosaik über dem Thora-Schrein über fünf Medaillons am Ostbogen mit Darstellungen der Hohen Feiertage und Bildern von den 12 Stämmen an den Emporenbrüstungen bis zu vier Stuckreliefs mit der Thora als Baum des Lebens am Übergang von der Kuppel zum Zentralraum. Dazwischen finden sich zahlreiche Bibelzitate in hebräischer Schmuckschrift.

Das **Jüdische Kulturmuseum** informiert anschaulich über das jüdische Leben in Augsburg und Schwaben ab dem Mittelalter, über Kulte und Gebräuche, Feste, Essensrituale und Glaubensprinzipien. Bereits vor dem Zweiten Weltkrieg gab es in Augsburg

Weitere Sehenwürdigkeiten rund um das Zentrum

eine große liberale jüdische Gemeinde. Heute verzeichnet die Kultusgemeinde vor allem durch den Zuzug von Juden aus den Ländern der ehemaligen Sowjetunion einen sprunghaften Anstieg.

〉 **Jüdisches Kulturmuseum,** Halderstr. 6–8, www.jkmas.de, Di.–Do. 9–18, Fr. 9–16, So. 10–17 Uhr, 1. Mi. im Monat bis 20 Uhr (Führung 18 Uhr), 4 €, mit Museumsshop, Literaturhandlung und Lesecafé Landauer.

32 Hauptbahnhof ⋆ [B5]

Der Hauptbahnhof Augsburgs ist der älteste sich noch in Betrieb befindende Bahnhofskomplex in Deutschland. Er ersetzte den ersten Bahnhof der München-Augsburger Eisenbahn-Gesellschaft nahe dem Roten Tor. Teile dieses Baus dienen heute noch als Straßenbahndepot. Der Kern des heutigen Hauptbahnhofs geht auf Eduard Rüber und das Jahr 1846 zurück. Zwischen 1869 und 1871 erweiterte Friedrich Bürklein den Bau im **Stil des Spätklassizismus** und schuf eine 70 m lange Dreiflügelanlage mit erhöhtem Mittelbau. 1985 wurde der Bahnhof saniert und damals wurden auch die Säulen an der Frontkolonnade wieder angebracht. Zudem steht seither auf dem Vorplatz ein **Brunnen** des Augsburger Bildhauers Theo Bechteler.

Derzeit laufen an dem wichtigen Fernbahnhof und Knotenpunkt für den Nahverkehr – allein München wird im Halbstundentakt bedient – erneut Baumaßnahmen. Bis 2019 soll er barrierefrei sein (derzeit gibt es nicht einmal Rolltreppen), dazu sind breitere Bahnsteige für den künftig S-Bahn-ähnlichen Nahverkehr und ein unterirdischer Straßenbahntunnel mit Haltepunkt geplant.

EXTRATIPP

Für Eisenbahnfans
Eisenbahnfans sollten einen Ausflug zum **Bahnpark Augsburg** (s. S. 38) einplanen. Das 1906 erbaute, hervorragend erhaltene Bahnbetriebswerk mit voll funktionsfähigem Ringlockschuppen birgt außer einer Sammlung historischer Lokomotiven aus 29 europäischen Ländern drei Dampflokhallen, eine historische Schmiede, Modelleisenbahnen u.v.m. Der Bahnpark befindet sich im **Hochfeld**, einem einstigen Eisenbahner-Wohnviertel.

33 Wittelsbacher Park ⋆ [A7]

Nach dem teilweisen Abriss der Stadtmauer 1860 gab es keine Einschränkungen mehr für das Wchstum der Stadt. Damals entstand südlich des Bahnhofs der etwa 18 ha große **Wittelsbacher Park.** Im Ostteil lichter angelegt, ist der Park im Westteil englischen Parkanlagen nachgebildet. Am Südende liegt der **Rudolf-Diesel-Gedächtnis-Hain,** der 1957 von einem japanischen Industriellen zu Ehren des Erfinders gestiftet wurde.

Bis das neue Messegelände gebaut wurde, fanden im Süden des Parks auch Ausstellungen statt. Hier fällt die **Sporthalle** ins Auge, die 1965 erbaut und während der Olympischen Spiele 1972 genutzt wurde. Das am Hang angelegte **Rosenaustadion** (28.000 Plätze) wurde 1951 auf

Einziger Skyscraper Augsburgs: der „Hotelturm" im Wittelsbacher Park

050ab Abb.: mb

Schutt des Zweiten Weltkriegs erbaut. Bis 2009 spielte der Fußballklub FCA (s. S. 106) hier, inzwischen wird das schön gelegene, aber in die Jahre gekommene Stadion nur noch sporadisch genutzt.

Unübersehbar ist der **Hotelturm**, von Augsburgern „Maiskolben" genannt. Der mit 118,5 m höchste Bau der Stadt entstand im Zuge der Olympischen Spiele 1972 als städtebauliches Vorzeigeobjekt. In seiner Konzeption folgte er den Doppeltürmen der Marina City in Chicago, die 1964 von Bertrand Goldberg erbaut wurde. Zu Füßen des „Maiskolbens" liegt die ebenfalls 1972 eröffnete und 2012 renovierte Veranstaltungshalle **Kongress am Park** (s. S. 35).

❯ Gögginger/Rosenaustr., Straßenbahnlinie 1 „Kongress am Park"

㉞ Pfersee und Herz-Jesu-Kirche ★★ [ag]

Die Auswirkungen der Industrialisierung um 1900 ist an Vierteln wie **Pfersee** besonders gut ablesbar. Einst nur ein kleines, vor den westlichen Toren der Stadt jenseits der Wertach gelegenes Dorf, „explodierte" Pfersee im Laufe des frühen 20. Jh. förmlich, als hier Textil-, Chemie- und Metallwarenfabriken und damit einhergehend Wohnblöcke für die Beschäftigten entstanden.

Der Name des Viertels geht wohl auf das keltische „Perz" (Burg/Pforte) zurück. Wahrscheinlich schon zur Römerzeit als wichtiger Brückenort am Flussübergang an der Wertach gegründet, lebten um 1910 rund 11.000 Menschen hier und ein Jahr später wurde der Ort eingemeindet. Am Westrand entstand neben einem Militärgelände später eine Außenstelle des Konzentrationslagers Dachau. Dieses Areal übernahm 1945 die US Army (Sheridan-Kaserne) und prägte bis zu ihrem Abzug 1998 den Stadtteil. Auf drei Kasernen verteilt, lebten bis zu 17.000 Soldaten (inklusive ihrer Familien bis zu 30.000 Amerikaner) in Augsburg. Heute befindet sich hier ein neues Wohnareal mit dem **Sheridan-Park.**

Die im späten 17. Jh. erbaute kleine Barockkirche **St. Michael** (nur selten zugänglich) wurde für das wachsende Viertel schnell zu klein, deshalb entstand 1907 bis 1910 die mächtige, 72 m lange und weithin sichtbare katholische Stadtpfarrkirche **Herz Jesu.** Im spätromanisch-historisierenden Stil gestaltet, ist allein der 72 m hohe Turm ein Unikum. Dazu kommt die Innenausstattung, die Herz Jesu zur größten und **bedeutendsten Jugendstilkirche Süd-**

deutschlands macht. Man orientierte sich dabei weniger am floralen Stil Münchens als vielmehr am geometrischen Sezessionsstil Wiens. Neben dem Kunstschmied Anton Rehle waren die Maler Christoph Böhner, Karl Baur und Theodor Baierl sowie die Baur-Brüder (Stuck) und Karl Stängele (Skulpturen) hier tätig.

Herausragend ist der **Chor** – prächtig ausgemalt und ganz in Gold strahlend mit Christus und Heiden, die sich gerade zum Christentum bekehren. Eine der Figuren ist übrigens ein Indianerhäuptling, den man als „Winnetou" deutet, denn in die Entstehungszeit des Bildprogramms fielen die Erstveröffentlichung von Karl Mays „Winnetou IV" (Winnetous Erben) in der Augsburger Postzeitung und einem Vortrag Mays in Augsburg. Dafür spricht auch die Tatsache, dass der damalige Pfarrer Anton Schwab Karl-May-Fan war. Eine weitere Besonderheit ist die große **Weihnachtskrippe** aus dem Jahr 1930. Ein Holzschnitzer aus Pfersee hatte sie ursprünglich für die alte Kirche St. Michael geschaffen.

❯ **Herz-Jesu-Kirche,** Augsburger Str. 23a, www.herzjesu.com, Straßenbahnlinie 3 „Herz Jesu", auch Führungen und Konzerte, tgl. 9 bis ca. 18 Uhr (je nach Gottesdienstzeiten)

Ausflüge

Wer mehr Zeit hat, zum wiederholten Mal da ist oder bei An- oder Abreise noch etwas vom Umfeld der Stadt sehen möchte, sollte einige Ausflüge einplanen. Kürzere – mit der Straßenbahn erreichbare – Ziele im südlichen Stadtgebiet bieten sich ebenso an wie Ausflüge in die „Stauden" oder in den „Wilden Westen" ...

Südlich, direkt vor den Toren der Innenstadt, beginnt der Siebentischwald, Augsburgs Erholungspark und zugleich ein wichtiges Naturschutzgebiet. Im Süden liegen aber auch das Universitätsviertel und das neue Fußballstadion.

Westlich der Stadt schließt sich eine Region an, die „Schwäbischer Pfaffenwinkel", genannt wird, eine gewachsene Kulturlandschaft mit dörflichem Reiz rund um das Kloster Oberschönenfeld. Über 2500 km Wander- und Radwege durchqueren das waldreiche Gebiet der „Stauden", wie der Südteil des Naturparks Augsburg – Westliche Wälder genannt wird. Da hier neben den Wurzeln der Fugger auch die der Mozarts liegen, nennt man die Stauden auch „Mozartwinkel".

Im Osten beginnt das Wittelsbacher Land mit Friedberg, Gut Mergenthau, Unterwittelsbach mit dem Sisi-Schloss und der Western-City Dasing. Wer die Wahl hat, hat die Qual, und da das Umland Augsburgs ein eigenes Buch füllen könnte, sollen nachfolgend lediglich ein paar Anregungen gegeben werden.

35 Siebentischwald ★ [ch]

1872 entstand im Süden der Stadt eine Parkanlage für die Bürger im Stil eines Englischen Gartens: die **Siebentischanlagen.** Dieser naturnah angelegte Parkstreifen mit dichtem Baumbestand, Grasflächen, Seen, Kanälen und Spazierwegen ist etwa 1,5 km lang und bis 250 m breit und erstreckt sich zwischen Sportanlagen bzw. Kleingärten an der Haunstetter Straße und Botanischem Garten/ Zoo. Man darf ihn nicht mit dem eigentlichen Siebentischwald, dem Nordteil des **Augsburger Stadtwalds**, verwechseln.

Der Stadtwald ist Bayerns größter zusammenhängender Auwald und kann nicht nur mit ungewöhnlicher Flora und Fauna aufwarten, sondern auch mit einem wegweisenden Beweidungsprojekt mit **Przewalski-Wildpferden**. Der Kern des Areals geht auf Kurfürst Max Emanuel von Bayern zurück, der den Haunstetter Wald als Pfand für ein Darlehen der Stadt übergab. Daraus entwickelte sich im Laufe der Zeit der knapp 22 km² große Stadtwald. Vom Zoo aus reicht er südwärts bis zur Königsbrunner Heide, im Osten bis zum Kuhsee und im Westen wird er vom Stadtteil Haunstetten begrenzt. Innerhalb des Stadtgebiets nennt man ihn **Siebentischwald**, wobei der Name dieses etwa 660 ha großen Areals auf ein im Zweiten Weltkrieg zerstörtes Ausflugslokal mit anfangs sieben Tischen zurückgehen soll. Der Siebentischwald ist Augsburgs beliebtes

Naherholungs- und Freizeitareal mit unzähligen Rad-, Spazier- und Laufwegen sowie Botanischem Garten **36**, Zoo **37**, Kuhsee **38** und Stempflesee.

Wo die Siebentischanlagen in den Siebentischwald übergehen, steht auf Höhe des Zoos seit 1908 der **Schaezler-Brunnen**. Er wurde zu Ehren von Edmund Freiherr von Schaezler errichtet, der Geld für die Erweiterung der Anlagen gespendet hatte.

❯ Infos und Anfahrt: www.lpv-augsburg. de/index.php?page=87

36 Botanischer Garten ★★ [ch]

Am Übergang von Siebentischanlagen und Siebentischwald befindet sich der Botanische Garten. Er entstand 1937 aus der Stadtgärtnerei und ist inzwischen auf rund 10 ha angewachsen. Zum Stadtjubiläum 1985 fand hier die **Landesgartenschau** statt und ihre Gestaltung ist bis heute bildbestimmend. Für Blütenpracht

▱ *Die „Pflanzenwelt unter Glas" des Botanischen Gartens*

ist aufgrund der unzähligen Pflanzenarten und -sorten fast ganzjährig gesorgt, doch die wahren Highlights sind der von japanischen Architekten und Gärtnern geplante **Japangarten** und das Pflanzenschauhaus „**Pflanzenwelt unter Glas**". In dieses moderne Gewächshaus mit tropischen Pflanzen wurde das historische Victoria-Regia-Haus integriert, das nach einer Riesenseerose in einem dort beherbergten Teich benannt ist. Im Winter ist der Teich überdeckt und dann steht hier eine aufwendig gestaltete, sich mit der Weihnachtsgeschichte verändernde **Rundkrippe**. Denkmalgeschützt sind ein **Gusseisenbrunnen** (um 1900) und ein **Gartenpavillon** (1869), der aus einer Villa im Textilviertel 2006 hierher versetzt wurde.

Abgesehen von Blütenpracht und Artenvielfalt ist das Besondere am Botanischen Garten sein **Praxisbezug**, d. h. die Existenz vieler Abteilungen, die auch dem Hobbygärtner Anregungen bieten. Ein idealer Platz zum Erholen ist das Areal zwischen dem zum Teich aufgestauten Lechkanal und der großen Spielwiese – hier befindet sich auch ein Biergarten. Das ganze Jahr über finden verschiedenste Veranstaltungen – Führungen, Seminare, Workshops, Konzerte (Augsburger Jazzsommer, s. S. 13), Tanz, Feste (wie japanisches Frühlingsfest oder Kinder-Friedensfest), Ausstellungen u. v. m. – statt.

❯ Dr.-Ziegenspeck-Weg 10, Buslinie 32 (Endstation „Zoo/Bot. Garten"), www.botanischergarten.augsburg.de, jahreszeitlich variierende Öffnungszeiten, 9 bis mind. 17 Uhr, 3 €, Familienkarte 5 €

▷ *Die olympische Kajakstrecke des Eiskanals ist ein beliebtes Ausflugsziel*

37 Zoo Augsburg ✶ [ch]

Einen Steinwurf vom Botanischen Garten entfernt liegt der Zoo. Auf weitläufigem Gelände sind **ca. 2000 Tiere** aus etwa **380 Arten** zu Hause. Im Zentrum befindet sich eine ungefähr 3 ha große Freifläche, auf der Tiere fast wie in freier Wildbahn leben – eine der größten ihrer Art in Europa.

Verschiedene Veranstaltungen wie die Dschungelnacht, der Streichelzoo Alpenland, eine Mini-Eisenbahn und moderne Tierhäuser wie das 2012 eröffnete Reptilienhaus locken vor allem Familien an, zumal sich der Zoobesuch gut mit dem im nebenan liegenden Botanischen Garten 36 verbinden lässt (gemeinsame Parkplätze) – und auch der Siebentischwald 35 nah ist.

❯ Brehmplatz 1, Buslinie 32 („Zoo/Bot. Garten"), www.zoo-augsburg.de, tgl. 9–16.30 bzw. 18 Uhr, 7 bzw. 9 €

38 Hochablass und Kuhsee ✶ [dh]

Am östlichen Rand des Siebentischwalds befindet sich der **Kuhsee**. Augsburgs beliebter „Badeweiher" ist ein künstlich geschaffener See, durch den ein Grundwasserstrom läuft. Seit 1951 steht das östliche Lechufer unter Landschaftsschutz, 1967 kamen Pläne zum besseren Hochwasserschutz und für die Ausweisung eines Trinkwasserschutzgebiets westlich des Lechs auf den Tisch. Nach dem letzten großen Hochwasser am 10. August 1970 wurde dann ein **Hochwasserschutzdamm** errichtet. Durch die dafür nötige Kiesgewinnung aus dem Altwasserarm des am Hochablass aufgestauten Lechs entstand der Kuhsee. Seinen Namen erhielt er, weil auf dem Areal einst Kühe weideten.

052ab Abb.: mb

An Sommerwochenenden bevölkern **bis zu 10.000 Badegäste** die Seeufer und es kann eng werden. Man darf in den Zonen am südlichen Seeufer sogar grillen. Aber auch im **Winter** ist der Kuhsee ein beliebtes Ausflugsziel, denn auf dem zugefrorenen See kann man Schlittschuh laufen, Pond Hockey spielen oder sich im Eisstockschießen messen.

Im Norden, wo der Damm den Kuhsee vom Lech trennt, befindet sich das mächtige Wehr des **Hochablasses.** Schon seit dem 14. Jh. wird hier ein Kanal in die Stadt abgeleitet und von diesem zweigen innerhalb des Stadtgebiets kleinere Kanäle ab, die für die damalige Wasserversorgung wichtig waren. Erst im 17. Jh. entstand ein hölzernes Wehr, das jedoch immer wieder durch Hochwasserkatastrophen und 1793 durch ein von den abziehenden französischen Truppen gelegtes Feuer zerstört wurde. 1911 wurde schließlich die Konstruktion einer Wehranlage aus Stahlbeton in Angriff genommen. Während des Pfingsthochwassers 1999 erneut beschädigt, wurde das 145 m lange Wehr in fast 6 m Höhe erneut saniert und verstärkt.

❯ **Kuhsee,** Oberländerstr., Bushaltestelle (Buslinien 29/30, „Hochzoll/Kuhsee"), mit Restaurant am Ostufer, Kiosks, WCs, Bootsverleih

❿ Augsburger Eiskanal ★ [dh]

Für die Kanuslalom-Wettbewerbe der **Olympischen Spiele 1972** entstand im Westen des Hochablasses der Augsburger Eiskanal. Zwischen 1970 und 1971 erbaut, war der 660 m lange Kanal mit seinen Betonfelsen die erste künstlich geschaffene Wildwasserstrecke der Welt. Noch immer finden hier hochklassige Wettbewerbe statt und das **Bundesleistungszentrum für Kanuslalom und Wildwasser** befindet sich hier. Die Klubhäuser beider Augsburger Kanuvereine und ein kleines Museum (s. S. 38), das sich dem Kanusport und seiner Bedeutung in Augsburg widmet, sind hier ebenfalls zu Hause.

Die **Kanustrecke** beginnt nahe dem Hochablass und folgt zunächst dem Hauptkanal nordwärts. Dann zweigt der künstlich angelegte Wildwasserkanal ab und mündet nach dem Zieleinlauf der Kanustrecke wieder in den Lech. Im Sommer lässt es sich auf den großzügig angelegten, begrünten Zuschauerrängen gemütlich sitzen und dem sportlichen Treiben im eiskalten Wasser zusehen.

> **Bundesleistungszentrum für Kanuslalom und Wildwasser,** Am Eiskanal 30a, Straßenbahnlinie 6 („Eiskanal", kurzer Fußweg)
> **Kanu Schwaben Augsburg** – www.kanu-schwaben-augsburg.de
> **Augsburger Kajak Verein** – www.akv-online.de

㊵ Kurhaustheater Göggingen ⋆ [ai]

1886 ließ Friedrich Hessing zur Unterhaltung der Patienten seiner Hessing-Kuranstalt nach Plänen von Jean Keller (1844–1921) das sehenswerte Kurhaustheater errichten. Es entstand aus **gusseisernen Fertigelementen** und **Glas** im Stile eines Palmenhauses und ist das einzige erhaltene Theater dieses Stils in Europa. Außer Glas kamen viel Gold und orientalisches Dekor zum Einsatz, tropische Pflanzen wurden aufgestellt und schon damals war es Patienten in Rollstühlen oder auf Liegen möglich, das Theater zu besuchen. Bis 1946 wurde die Bühne genutzt – zuletzt als Kino –, in den 1960er-Jahren verfiel der Bau und 1972 verursachte Brandstiftung schlimme Schäden. 1974 erwarb die Stadt das Gebäude und ließ es aufwendig renovieren, die

Wiedereröffnung als **Theater** erfolgte mit viel Pomp 1996.

Nur wenige Schritte vom Kurhauspark entfernt verteilen sich westlich der Bürgermeister-Aurnhammer-Straße, die die Gögginger Hauptachse darstellt, insgesamt sieben (v. a. orthopädische) **Kliniken der Hessing-Stiftung** auf begrüntem Gelände. Die Institution war 1868 von Friedrich Ritter von Hessing, einem Pionier auf dem Gebiet der Orthopädietechnik, als Kur- und Heilanstalt ins Leben gerufen worden und erlangte rasch hohes Ansehen. Zu den sehenswerten Bauten gehört die neugotische **Hessingburg** (Hessingstr. 17), das ehemalige Gästehaus. Sie wurde von Jean Keller zwischen 1887 und 1893 erbaut. Ein paar Jahre später folgte nach einer großzügigen Spende des russischen Zaren die Hessing-Anstaltskirche **St. Johannes** (Wellenburger Str. 12).

> **Parktheater im Kurhaus Göggingen,** Klausenberg 6, Tel. 0821 9062211, www.parktheater.de. Veranstaltungen aus allen Bereichen, u. a. Kabarett-Open-Air im Juli und Konzerte sowie Lesungen in exquisitem Ambiente. Angegliedert ist das Restaurant Walters (Tel. 0821 8108810).

㊶ Universitätsviertel ⋆ [bi]

Am südlichen Stadtrand befand sich einmal der **Alte Flugplatz.** Er war 1916 entstanden und wurde auch von der Firma Messerschmitt genutzt – einer der Gründe, warum Augsburg im Zweiten Weltkrieg immer wieder bombardiert wurde. Nach dem Krieg verwendete die US Army den Flugplatz, 1968 wurde er aufgegeben. Auf dem Gelände entstand dann der Campus der 1970 gegründeten Universität Augsburg. Diese war zu Anfang in der Memminger Straße im Stadtteil Göggingen untergebracht, ehe man 1977 den ersten Neubau auf dem Campus beziehen konnte. Der **Universitätscampus** ist großzügig angelegt und wird von einer ausgedehnten Parkanlage mit zwei großen Teichen und verstreuten Kunstwerken umgeben. Die sogenannte „Kunst am Campus" umfasst inzwischen über 20 Skulpturen, die man auf unterschiedlichen Rundgängen bewundern kann.

Heute studieren in Augsburg **etwa 18.000 Studenten** an insgesamt **sieben Fakultäten**. Obwohl etwas ab vom Schuss gelegen, ist der Campus mit der Straßenbahn gut an die Innenstadt angebunden. Er wird beständig südwärts ausgebaut und andere Einrichtungen, mit denen die Uni kooperiert, wie das Bayerische Landesamt für Umwelt, das Bukowina-Institut, das Fraunhofer-Institut und das Kompetenzzentrum Umwelt Augsburg-Schwaben sowie Sportanlagen kamen bereits dazu.

❯ Universitätsstr. 2, Straßenbahn 3 „Universität", Kunst am Campus: http://videolabor.phil.uni-augsburg.de/AUGSBURG_deutsch/Kunst_files/Kunst-am-Campus.pdf

42 SGL Arena ★

Der Campus der Universität Augsburg endet in Sichtweite der SGL Arena. Das neue Fußballstadion wurde im Juli 2009 als **Heimat des FC Augsburg** (s. S. 106) eröffnet, vorher fanden Fußballspiele im **Rosenaustadion** statt. Das neue Stadion liegt jetzt zwar weit im Süden, das stört jedoch wenig, da ein Großteil der Besucher eh aus dem Umland kommt. Für die Städter ist die Anfahrt mit der Straßenbahn zu einem vergnüglichen Ritual geworden.

☑ *Wenn der FCA spielt, platzt die SGL Arena aus allen Nähten*

053ab Abb.: mb

FC Augsburg

Seit der 1907 gegründete FCA wieder in die Bundesliga zurückgekehrt ist - 2006 gelang der Aufstieg in die Zweite, 2011 der Sprung in die Erste Liga (bis dato) - und in der neuen SGL Arena spielt, ist die ganze Region euphorisiert. Viele Jahre hatte es „Fußball-magerkost" gegeben, und das, obwohl der FCA eine deutsche Traditionsmannschaft ist, die durchaus Erfolge aufweisen kann: Siebenmal war man Bayernligameister - ein Rekord -, zweimal Zweitligameister (1961, 1974) und einmal Regionalligameister 2006. Die größten Erfolge waren aber der Aufstieg in die Topliga 2011 sowie der Einzug ins Pokalhalbfinale im Jahr 2010.

In der Nachkriegszeit immer erst- oder zweitklassig, rutschte der Verein 1964 in die Bayernliga (damals 4. Liga) ab. Eine erste Blüte erlebte der FCA - wie man sich seit dem Zusammenschluss von BCA und Schwaben Augsburg im Jahr 1969 nennt - unter Helmut Haller (s. S. 57). Nach dem Aufstieg in die 2. Liga (1973) verpasste man ein Jahr später nur knapp den Aufstieg. Haller war der berühmteste Fußballer aus Augsburg. 1966 wurde er mit der Nationalmannschaft Vizeweltmeister und spielte 1962 bis 1973 erfolgreich in Italien (FC Bologna, Juventus Turin). Nach seinem Karriereende 1979 begannen für den FCA schwierige Zeiten: Stets knapp vor dem finanziellen Aus, rettete erst das Engagement von Walther Seinsch den Verein vor dem Ruin.

Seither gelang dem FCA finanziell und sportlich ein ungeahnter Aufstieg. Dazu hat man sich inzwischen auch wieder der einst hervorragenden Jugendarbeit verschrieben. Immerhin war der FCA 1993 Jugendmeister und sogar viermal Jugend-Pokalsieger - ebenfalls ein Rekord.

So mancher berühmte Fußballer oder Trainer wie Bernd Schuster, Armin Veh, Raimond Aumann, Christian Hochstätter, Karl-Heinz Riedle oder Thomas Tuchel hat beim FCA erste Lorbeeren verdient.

❯ *FC Augsburg:* www.fcaugsburg.de

● **175** [C5] *FCA-Café und Fanshop,* Bahnhofstr. 7, Mo.-Fr. 9.30-19, Sa. 10-18 Uhr. Souvenirs, Tickets und kleines Café

Das **Fußballstadion,** derzeit mit einem Fassungsvermögen von 30.660 Zuschauern, kostete rund 45 Mio. Euro. Die Stadt stellte das Gelände zur Verfügung und sorgte für die Infrastruktur. 25 Mio. Euro kamen von einer Gruppe um den FCA-Präsidenten Walther Seinsch, 5 Mio. Euro vom Freistaat Bayern und 15 Mio. Euro wurden als Kredit aufgenommen. Auch wenn die Fassade noch fehlt – dafür reicht das Geld nicht –, ist die SGL Arena in einem Punkt weltweit ungewöhnlich: Es handelt sich hier um das erste klimaneutrale Fußballstadion der Welt. Neben Spielen des FC Augsburgs finden auch internationale Begegnungen, bevorzugt der deutschen Frauennationalmannschaft, statt. Während der Frauen-WM 2011 wurden hier vier Partien ausgetragen.

❯ Bürgermeister-Ulrich-Str. 90 (an der B17), bei Spielen eigene Straßenbahnlinie zur SGL Arena (ab Hbf. bzw. Kö), www.sgl-arena.de

43 Kloster Oberschönenfeld ★★

Die Zisterzienserinnenabtei Oberschönenfeld ist eines der ältesten Frauenklöster in Deutschland. Zwar wird als Gründungsjahr 1211 angegeben, doch schon seit dem 12. Jh. gab es in der Region klösterliche Frauengemeinschaften. Eine päpstliche Urkunde von 1248 bestätigt offiziell das Kloster, das während des Dreißigjährigen Kriegs zerstört wurde. Kirche, Konvent und Wirtschaftsgebäude entstanden zwischen 1718 und 1763 im Barockstil neu.

Die prachtvoll ausgestaltete **Abteikirche Mariae Himmelfahrt,** geplant von dem Vorarlberger Architekten Franz Beer (1660–1722), ist ein schönes Beispiel für den süddeutschen Barock.

Wie andere Klöster wurde auch Oberschönenfeld 1803 säkularisiert, doch schon 1836 hob der bayerische König Ludwig I. die Säkularisierung auf und 1918 wurde Oberschönenfeld wieder zur Abtei erhoben. 1951 gründeten Missionarinnen aus Oberschönenfeld ein Kloster in Itararé in Brasilien. Heute besteht die Augsburger Klostergemeinschaft aus etwa 25 Schwestern, die Besucher zu Veranstaltungen und Besinnungstagen ins Kloster einladen und nicht nur für das geistige, sondern auch für das leibliche Wohl sorgen: Das in der **Bäckerei** hergestellte Holzofenbrot ist weit über Augsburg hinaus berühmt (dazu werden Säfte, Käse, Wurst, Schmalz, Honig u. a. Schmankerl verkauft) und im **Klosterladen** gibt es diverse (alkoholische) „Spezialitäten", vor allem aber religiöse Souvenirs und Literatur. Im **Klosterstüble** (mit Biergarten) setzt man auf handfeste regionale Kost.

1984 wurde in den ehemaligen Stallungen das **Schwäbische Volkskundemuseum** eröffnet und das ist sehenswert. Neben einer Dauerausstellung im Obergeschoss zum ländlichen Alltagsleben vom 19. bis ins 20. Jh. in der Region werden regelmäßige Sonderausstellungen gezeigt. Im ehemaligen Schafstall gegenüber entsteht gerade ein neues Besucherzentrum mit Museumsshop und WCs. Nebenan, im ehemaligen Bräumeisterstadel mit sehenswertem Dachstuhl, residiert seit 2003 die **Schwäbische Galerie** und zeigt Ausstellungen zum historischen und zeitgenössischen Kunstschaffen der Region.

Ein kurzer Spaziergang Richtung Wald – Ausgangspunkt für die Wanderwege – führt zum **Bauernmuseum Staudenhaus.** 1980 wurde das letzte erhaltene strohgedeckte Bauernhaus aus Döpshofen hierher umgesetzt und heute kann man hier mehr über das Leben der Kleinbauern im 19. und frühen 20. Jh. erfahren.

Das Kloster liegt nicht nur am Jakobusweg, dem Pilgerweg nach Santiago de Compostela, sondern auch malerisch mitten im Naturpark Augsburg – Westliche Wälder (s. S. 108). Deshalb wurde im Wirtschaftsgebäude des Klosters, in dem sich auch die Bäckerei befindet, das **Naturpark-Haus** mit Ausstellungen und Dioramen über Flora und Fauna des Naturparks eingerichtet.

Darüber hinaus finden das ganze Jahr über Veranstaltungen auf dem Areal statt, besonders beliebt sind der Töpfermarkt Anfang Juli und der Weihnachtsmarkt am 3. Adventswochenende – einer der schönsten in Süddeutschland.

❯ **Zisterzienserinnenabtei Oberschönen-feld,** nahe Gessertshausen (ausgeschildert), www.abtei-oberschoenenfeld.de, mit Klosterstüble (mit Biergarten, Di.– So. ab 10 Uhr, www.klosterstueble-ober schoenenfeld.de), Klosterladen (Di.–Sa. 9.30–17, So. 10–17 Uhr) und Bäckerei (Di.–Fr. 9.30–17, Sa. 9.30–13 Uhr)

> **Volkskundemuseum, Schwäbische Galerie, Bauernmuseum Stauden- haus, Naturpark-Haus,** Di.–So. 10–17 Uhr, www.schwaebisches-volkskunde museum.de bzw. www.naturpark-augs burg.de, Gesamtticket 3 €, Staudenhaus nur April–Okt. Sa./So. 13–17 Uhr

➍➍ Western-City Dasing und Süddeutsche Karl-May- Festspiele ★★★

Der „Wilde Westen" beginnt nur ein paar Kilometer östlich von Augsburg: Besonders im Sommer, wenn auf der Freilichtbühne die Süddeutschen Karl-May-Festspiele stattfinden und Winnetou und Old Shatterhand zum Leben erweckt werden, fühlt man sich in der Western-City Dasing in eine andere Welt versetzt. Es handelt sich nicht um einen gewöhnlichen Freizeitpark. Es gibt keine Fahrge- schäfte, dafür aber „Wild West Fee- ling" in einer Westernstadt wie aus dem Bilderbuch.

Untrennbar verbunden ist Dasing mit **Fred Rai.** In den 1980er-Jahren begann der Reitlehrer, Pferdetrainer, Schlagersänger und Schauspieler, seinen Traum von einer Westernstadt zu realisieren. Er schuf eine **Kulissen- landschaft,** eine Welt mit Lagerfeu- erromantik, Pferden, Cowboy- und Indianer-Mythos. Im Laufe der Jah- re wurden die anfangs mobilen Tei- le auf dem Gelände in Dasing durch feste Bauten ersetzt: Hinter einer Pa- lisade – im Stil eines alten Wildwest- Forts – verbirgt sich eine **Western- stadt** mit Läden, Gefängnis, Saloon, Kirche, Friedhof und anderen Bauten. Zur Unterhaltung stehen verschiede- ne **Shows** wie die Fred-Rai-Show, eine Western-, Buffalo-Bill- oder Cavalry- Show auf dem Programm.

Am westlichen Rand der Western- stadt liegt das von Rai ins Leben ge- rufene **Bundesausbildungszentrum für RAI-Reiten** (s. S. 110) und 2005 kamen als weitere Attraktion die **Süd- deutschen Karl-May-Festspiele** hin- zu. Sommer für Sommer werden seit- her in einer eigenen Festspielarena in der Western-City verschiedene für die Bühne bearbeitete Werke Karl Mays aufgeführt. Zur Verfügung stehen eine rustikale, hölzerne, überdach-

Naturpark Augsburg – Westliche Wälder

*Der **Naturpark Augsburg – West- liche Wälder** breitet sich im Westen von Augsburg auf 1200 km² Fläche aus und wird von den Flüssen Wertach bzw. Schmutter im Osten, Mindel im Westen, Flossach im Südwesten und Donau im Norden begrenzt. Knapp die Hälfte der Hügel ist mit Wald be- deckt und wird von Bachtälern in Nord-Süd-Richtung durchschnitten.*

*Der Naturpark, der 1988 nach einer Verordnung des Bayerischen Umwelt- ministeriums geschaffen wurde, ist als Holzlieferant und Naherholungsziel bedeutend. Zugehörige Regionen sind neben den **Stauden** mit Kloster Ober- schönenfeld im Süden der **Holzwinkel** um Welden und die **Reischenau** um Dinkelscherben.*

> ***Infos:** www.naturpark-augsburg.de*

te Zuschauertribüne und eine Bühne mit unterschiedlichen Kulissen, die viel Platz für die durchaus lebensechten Aufführungen mit zahlreichen Schauspielern und Pferden bieten.

Zweifellos wäre Karl May über die Western-City und die Festspiele erfreut gewesen, sah er sich doch selbst als Erzähler, der Werte wie Freundschaft, Völkerverständigung und Toleranz vermitteln wollte. In eben dieser Tradition bringen die Festspiele in Dasing die **Abenteuer von Winnetou und Old Shatterhand** mit einer Mischung aus Humor, Action und Spannung auf die Bühne. Dazu tragen die Schauspieler bei, teils Profis, meist jedoch begeisterte Laiendarsteller wie die Fürstin Fugger. Neben Fred Rai, der mit großem Können stets die Bösewichte spielt, ragt der Winnetou-Darsteller Matthias M. heraus. Fast im Stil des legendären Pierre Price verkörpert er den „edlen Wilden" perfekt, und allein er ist den Besuch einer Aufführung wert.

❯ **Western-City Dasing**, Neulwirth 3, 86453 Dasing, A8 nahe Ausfahrt „Dasing" (ausgeschildert), 9,50 € (Kinder 7,50 €, Familienkarte 29 €), Anf. Mai–Ende Sept. tgl. außer Mo. 10–18 Uhr, www.western-city.de, mit Restaurants und Laden

❯ **Übernachten** kann man von Mai bis Sept. in komfortablen Blockhäusern am Rande der Western-City, angeschlossen ist das Lokal „Trapper Inn".

❯ **Karl-May-Festspiele**, Ende Juni–Mitte Sept. Sa. 16/20, So. 17 Uhr, 24,50 € (Kinder 18,50 €), inkl. Eintritt in die Western-City, Spezialangebot mit Übernachtung (inkl. Frühstück), Eintritt und Essen für 99 € p.P., Infos und Tickets: www.karlmay-festspiele.de. 2013 wird „Halbblut" gespielt.

⌂ *Die Western-City Dasing ist besonders während der Karl-May-Festspiele besuchenswert*

054ab Abb.: mb

Der Sheriff der Western-City

Wie viele Jungen träumte auch der 1941 in Ellwangen/Schwaben geborene Manfred Raible davon, einmal Cowboy zu sein. Zwar erlernte er zunächst einen „bürgerlichen" Beruf - Schulungsleiter in einem Versicherungskonzern -, doch dann wurde

055ab Abb.: mb

„Fred Rai" als singender Cowboy mit seinem Pferd „Spitzbub" zum berühmten Country-Sänger. Daneben war er erst als Turnierreiter aktiv, bald widmete er sich verstärkt dem Westernreiten und begann seinen eigenen Reitstil und eigene, sanfte Methoden im Umgang mit Pferden zu entwickeln: das RAI-Reiten, das den Aufbau eines Ausbildungszentrums für RAI-Reiten zur Folge hatte.

Erst mit der Western-City und den Karl-May-Festspielen wurde Fred Rais Kindheitstraum endgültig Realität. Bei den Festspielen können die Zuschauer den „Sheriff von Western-City", der auch Buchautor ist, als Schauspieler erleben, zumeist übernimmt er die Rolle der Schurken in den May-Stücken. Auch im Land seiner Träume, in den USA, hat sich Fred Rai einen Traum erfüllt: In der Nähe der realen Westernstadt Tombstone/Arizona hat er die Lucky Hills Ranch gebaut.

Praktische Reisetipps

056ab Abb.: mb

An- und Rückreise

Mit dem Auto

Die Autobahn A8 (Stuttgart–München–Salzburg) und die Schnellstraßen B2 bzw. B17 kreuzen Augsburg in Ost-West- bzw. Nord-Süd-Richtung. Von Hamburg nach Augsburg sind es rund 750 km, das sind 7 bis 8 Stunden im Auto, meist geht es per Bahn schneller. Frankfurt z. B. liegt etwa 365 km (3,5 Std.) entfernt. Je nach Ziel innerhalb Augsburgs gibt es zwei mögliche Autobahnabfahrten: Augsburg-Ost (im Nordosten, Stadtteil Lechhausen) oder Augsburg-West (im Norden, Gersthofen, via B2). Letztere ist v. a. zu Stoßzeiten die bessere Alternative. Aus Richtung Nürnberg/Berlin (Norden) kommt man am schnellsten auf der B2, aus dem Allgäu (Süden) auf der B17 in die Stadt.

◁ *Vorseite: Es gibt in Augsburg fünf Trambahnlinien, die ideal sind, um die Stadt zu erkunden*

Mit dem Zug

Augsburg ist ein wichtiger **Bahnknotenpunkt** und liegt an den Hauptstrecken München–Nürnberg/Frankfurt und München–Stuttgart. Mit München ist die Stadt durch eine viergleisig ausgebaute Bahnhauptstrecke verbunden. Dorthin verkehren Züge aller Art mindestens halbstündlich (mit Anschluss nach Italien und Österreich). Per ICE-Netz sind alle Städte schnell erreichbar, nach Norden geht es Richtung Nürnberg und über Würzburg Richtung Frankfurt, südwärts ins Allgäu (u. a. Füssen, Bad Wörishofen, Kempten, Oberstdorf) und an den Bodensee (und weiter nach Österreich oder in die Schweiz) und Richtung Westen erreicht man über Ulm Stuttgart (Anschluss nach Frankreich).

Vom historischen **Hauptbahnhof** 32 am westlichen Rand des Zentrums kommt man in gut 10 Minuten zu Fuß auf der Bahnhofstraße zum Königsplatz, dem Herz der Innenstadt. Gleichzeitig fahren am Hauptbahnhof Busse und Straßenbahnen in alle Richtungen ab.

❯ Infos und Buchung: www.bahn.de, www.bayerischeregiobahn.de

057ab Abb.: fotolia.com©Ronald Hansch

Mit dem Flugzeug

Seit der geplante Ausbau des Augsburg Airport im Nordosten der Stadt (Mühlhausen) ad acta gelegt wurde, dient dieser nurmehr dem privaten Flugverkehr. Die beiden nächstgelegenen Flughäfen sind der **F.J. Strauss Flughafen München** (MUC, www.munich-airport.de) – wird von fast allen größeren Airlines angeflogen – und der **Allgäu Airport Memmingen/PMI** (www.allgaeu-airport.de), der v. a. von Ryanair und Germania genutzt wird, von dem Augsburg aber nur schlecht mit dem öffentlichen Nahverkehr erreichbar ist.

Von **Memmingen** kommt man mit dem Leihwagen (mehrere Mietwagenfirmen am Flughafen) auf der A96 (München–Lindau, Ausfahrt Memmingen Ost) bis Landsberg und dann auf der B17 nach Augsburg. **Von München** gelangt man entweder per S-Bahn S1 oder S8 nach München-Pasing oder zum Münchner Hauptbahnhof und von dort mit dem Zug nach Augsburg – die Gesamtfahrtzeit beträgt etwa 1,5 Std. – oder aber man nimmt einen Shuttlebus (nach Voranmeldung, z. B. Stefan Kaulke, Tel. 0821 5083409, www.flughafentransfer-kaulke.de).

Autofahren

Wer mit der Bahn nach Augsburg kommt, braucht kein Auto. Das meiste ist gut zu Fuß oder mit dem öffentlichen Nahverkehr erreichbar. Abgesehen von den noch bis 2014 andauernden **Bauarbeiten** am Königsplatz bzw. denen bis 2017 am Hauptbahnhof und den damit verbundenen Sperrungen und Umleitungen sind die als Fußgängerzonen ausgewiesenen Teile der Innen- und Altstadt sowieso für den Autoverkehr gesperrt.

Das Parken kann sich in der Innenstadt ohnehin schwierig gestalten bzw. man ist auf relativ teure **Parkplätze und -garagen** angewiesen. Günstig im Stadtzentrum liegen z. B.:

P176 [F5] Parkhaus City-Galerie, Willy-Brandt-Platz 1 (Zufahrt Jakoberwallstr.)

P177 [C4] Parkhaus Ernst-Reuter-Platz, Ernst-Reuter-Platz 2 (ab Grottenau)

P178 [C4] Parkgarage Fuggerstraße, Fuggerstr. 20/Grottenau

P179 [B5] Parkhaus Hauptbahnhof, Halderstr. 29a

P180 [C4] Parkhaus Schaezlerstraße, Schaezlerstr. 9a

P181 [B5] Parkhaus Viktoriastraße, Bahnhofstr. 26 (gegenüber Hbf.)

Eine Stunde kostet im Schnitt 2 €, ein Tag ca. 12 €. Preiswerter ist das Parkhaus in der City-Galerie, wo man z. B. zwei Stunden für 1,80 € und jede weitere Stunde für 1,50 € parkt. Unter www.cia-augsburg.de gibt es eine Liste von Parkhäusern und Tarifen.

Wie München ist auch Augsburg als **Umweltzone** (Stufe 2) ausgewiesen und es ist eine Plakette (gelb oder grün) im Auto nötig (www.augsburg-tourismus.de/umweltzone.html).

Am Hauptbahnhof sind als **Mietwagenfirmen** Sixt und Hertz vertreten und wer mit dem Wohnmobil kommt kann es stadtnah abstellen:

P182 [af] Wohnmobilstellplatz Wertach, Bürgermeister-Ackermann-Str. 1, Tel. 0821 551686, ganzjährig, 25 Plätze, ca. 15 Gehminuten ins Zentrum, via B17 (Ausfahrt Zentrum/Pfersee) erreichbar (ausgeschildert). Zwar schön am Fluss Wertach, allerdings an einer viel befahrenen Straße, gelegen.

◁ *Augsburg ist ein wichtiger Bahnknotenpunkt*

Barrierefreies Reisen

Wegen der historischen Bausubstanz ist Barrierefreiheit zwar in Augsburg nicht immer leicht realisierbar, doch wurden diesbezüglich in den letzten Jahren gute Fortschritte gemacht. Ampeln mit akustischen Signalen sind gängig, barrierefreie Haltestellen an Straßenbahnen zu 75 % verwirklicht.

Allgemeine Infos bietet die Website www.augsburg-barrierefrei.de. Listen mit Lokalen, Museen/Attraktionen, Parkplätzen, WCs, Infos zu Nahverkehr und anderen Einrichtungen für Menschen mit Handicap sind in dem herunterladbaren „Wegweiser für Senioren und Menschen mit Behinderung" (www.behindertenbeirat-augs burg.de) zu finden. Genaue Pläne, was für Rollstuhlfahrer und Gehbehinderte zugänglich ist, finden sich unter:

❯ http://behindertenstadtplan.geo.uni-augsburg.de/behindertenstadtplan/hp/bsp.html
❯ Bayerischer Blinden- und Sehbehindertenbund e.V., Tel. 0821 4554150 oder 0821 45541529, www.bbsb.org/bbsb/bezirksgruppen/schwaben-augsburg. Blinde und sehbehinderte Menschen erhalten hier Auskunft.

Diplomatische Vertretungen

Die nächstgelegenen diplomatischen Anlaufstellen für Schweizer und Österreicher befinden sich in München:

❯ Österreichisches Generalkonsulat, Ismaninger Str. 136, 81675 München, Tel. 089 998150
❯ Schweizerisches Generalkonsulat, Brienner Str. 14, 80333 München, Tel. 089 2866200

Geldfragen

München gilt als derzeit teuerste Stadt in Deutschland. Da Augsburg im Großraum von München gelegen ist, ist das Preisniveau auch hier hoch und beinahe mit dem der bayrischen Hauptstadt vergleichbar. Aufgrund der guten Bahn- und Autobahnanbindung arbeiten viele Menschen in München, wohnen aber – da es (noch) preiswerter ist – in Augsburg.

Informationsquellen

Touristeninformation

❯ Regio Augsburg Tourismus GmbH, Schießgrabenstr. 14, Tel. 0821 502070, www.augsburg-tourismus.de. Gibt zahlreiche Infoschriften heraus und betreibt im Stadtzentrum die Tourist-Information:

❶183 [D4] Tourist-Information, Rathausplatz 1, Tel. 0821 502070, Apr.–Okt. Mo.–Fr. 9–18 (Nov.–März nur bis 17 Uhr), Sa. 10–17, So. 10–14 Uhr. Allgemeine Informationen zu Stadt und Region, auch Ticketservice, Hotelvermittlung, Stadtrundfahrten/-gänge, Pläne, Bücher u. a. Souvenirs.

059ab Abb.: mb

Wichtige Nummern und Services

- ●**184** [C4] **ADAC,** Fuggerstr. 11, Tel. 0821 5028816 o. 5028817
- ❶**185** [C5] **AVV (Augsburger Verkehrs- und Tarifverbund),** Königsplatz, ein weiteres Kundenzentrum findet sich am Hbf. (Bohus Center, 1. OG, Halderstr. 29), Servicetelefon: 0821157000, www.avv-augsburg.de.
- ❯ **DB Station & Service AG,** Tel. 0821 50322474. Fundsachen aus Regionalzügen
- ❶**186** [E3] **Fundbüro der Stadt Augsburg,** Bei St. Max 1, Tel. 0821 3246304 und 3246305
- ❶**187** [D5] **swa Kundencenter (Stadtwerke Augsburg),** Moritzplatz, Tel. 0821 65005888. Fundsachen aus Straßenbahnen und Bussen
- ❯ **Veranstaltungstickets:** Regio Augsburg Tourismus (s. S. 114), www.konzertbue ro-augsburg.de (AZ-Kartenservice) und s. S. 33.

◁ *Die Tourist-Info sollte erster Anlaufpunkt für Besucher sein*

Die Stadt im Internet

- ❯ www.augsburg-tourismus.de – Hauptinternetseite des „Fremdenverkehrsamtes" (Regio Augsburg) mit touristischen Informationen zu Stadt und Region
- ❯ www.augsburg.de – Internetportal der Stadt Augsburg mit herunterladbarem Stadtplan und Infos z. B. zu Sport oder Kultur und Freizeit
- ❯ http://altstadt-augsburg.de – Interessantes zur Altstadt mit Plan („Altstadtbummel"), Veranstaltungen, Hotels etc.
- ❯ www.cia-augsburg.de – Unter „Projekte aktuell" finden sich Veranstaltungshinweise.
- ❯ www.augsburg-wiki.de – „Work in progress", Ende 2006 auf Privatinitiative ins Leben gerufenes Stadtlexikon
- ❯ www.stadtlexikon-augsburg.de – informatives Onlinelexikon mit über 3000 Stichwörtern
- ❯ http://home.meinestadt.de/augsburg – Infos zu aktuellen Geschehnissen in der Stadt, Politik und Veranstaltungen
- ❯ www.daz-augsburg.de – unabhängige Augsburger Internetzeitung (eine Alternative zur dominierenden Tageszeitung)

Augsburg preiswert

Jeder Hotelgast in Augsburg kann ein **AVV-Hotelticket** *(in Hotels bzw. in der Touristeninformation, s. S. 114) erwerben und damit für 6,40 € zwei Tage lang beliebig oft den öffentlichen Nahverkehr in der gesamten Innenstadt nutzen. Es gibt außerdem verschiedene Rabatte. Gäste des InterCity Hotels Augsburg (www.intercityhotel.com/Augsburg) dürfen mit ihrem Zimmerausweis alle Linien gratis benutzen.*

Immer mehr Lokale der Stadt bieten zur Mittagszeit (meist 12–14 Uhr) preiswerte **Tagesmenüs** *an. Sehr emp-*

fehlenswert sind z. B. das **Restaurant Maximilian's** *(s. S. 24) oder das* **Restaurant Magnolia** *(s. S. 24), da diese Spitzenlokale mittags relativ preiswerte Menüs anbieten.*

Jeweils am **1. Sonntag im Monat** *sind die den Städtischen Kunstsammlungen (s. S. 37) angeschlossenen Museen für 1 € Eintrittsgebühr zu besichtigen.*

Im **Theater Augsburg** ⑪ *gibt es an der Abendkasse verfügbare Karten ab 15 Min. vor der Vorstellung zum Einheitspreis von 9 €, im Vorverkauf beträgt die Ermäßigung 30 % (Mindestpreis 9 €).*

058ab Abb.: mb

❯ **www.buendnis.augsburg.de** – Informationen über und von der Augsburger Bürgerinitiative

❯ **www.landkreis-augsburg.de** – Was ist im Landkreis los? Vorrangig geht es um „Kultur und Freizeit".

❯ **www.bayerisch-schwaben.de** – Seite des Tourismusverbands Allgäu/Bayerisch-Schwaben e. V. (Tel. 0821 4504010) mit Infos zu Bayerisch-Schwaben – im Südwesten Bayerns vom Ries im Norden bis zum bayerischen Voralpenland im Süden

◁ *Zeitunglesen kann man auch am Kunden-Center der Augsburger Allgemeinen (Maxstr. 3).*

Unsere Literaturtipps

❯ *Geschichte der Stadt Augsburg von der Römerzeit bis zur Gegenwart, Theiss Verlag Stuttgart. 1985 zur 2000-Jahrfeier der Stadt erschienener „Wälzer" zahlreicher Professoren der Uni Augsburg, der über die Stadtgeschichte erzählt.*

❯ *Einen amüsanten Einblick in das Gemüt der Augsburger gibt Benno Plabst mit seinen Geschichten über den Herrn Plimm, z. B. Plimm geht durch die Stadt (Presse-Druck-und Verlags GmbH, 1979), Gestatten, Plimm (Wißner, 2000), Grüß dich, Augsburg (Presse-Druck-und Verlags GmbH, 1984) oder Der Hundsnix (Presse-Druck-und Verlags GmbH, 1991).*

❯ *Der berühmteste Augsburger Schriftsteller Bertold Brecht hat sich schriftlich wenig über seine Heimatstadt ausgelassen, seine Werke sind dennoch lesenswert.*

❯ *Georg Klein, Roman unserer Kindheit, Rowohlt, 2010. Der in Augsburg geborene Schriftsteller Klein schildert in diesem Roman die Kindheit im Augsburger Stadtviertel Bärenkeller in den 1960er-Jahren.*

❯ *Der Augsburger Peter Dempf hat sich mit seinen historischen Romanen einen Namen gemacht. Als erster erschien 1999 Das Geheimnis des Hieronymus Bosch (Eichborn-Verlag), lesenswert ist das 2000 erschienene Buch Sagenhaftes Augsburg: Geschichten einer Stadt, das im lokalen Wißner-Verlag erschienen ist.*

❯ *Zum Schmunzeln ist das Märchen von den „Sieben Schwaben", die während ihres Abenteuers auch nach Augsburg kommen „und sich allda Waffen holen". Man findet die Geschichte in Grimms Märchen, aber auch in Ein Volksbüchlein von Ludwig Aurbacher.*

Publikationen und Medien

> www.augsburger-allgemeine.de – Augsburger Tageszeitung mit Monopolstellung. Riesiges Verbreitungsgebiet und Auflage von etwa 220.000 Exemplaren pro Tag (mit der Allgäuer Zeitung, an der die AZ zu 50 % beteiligt ist rund 320.000). Was die „AZ" schreibt, ist in der Stadt quasi Gesetz.

> www.neue-szene.de – Neue Szene Augsburg, das Stadtmagazin für Augsburg und Umgebung, monatlich erscheinend und gratis in Geschäften und Lokalen ausliegend, mit ausführlichem Veranstaltungskalender.

> www.augsburg-journal.de – Augsburg Journal, Stadtmagazin im Boulevardstil, das monatlich erscheint und über High Society und lokales Geschehen informiert.

> Lokalradiosender: **Rock Antenne** (87,9 UKW), **RT1** (Radio unter Beteiligung der AZ, 96,7 UKW), **Radio Fantasy** (93,4 UKW), Radio Augsburg (Digital).

> Privat-TV: **Augsburg TV** (getragen u. a. vom Bistum Augsburg und der AZ).

Internet und Internetcafés

Viele **Hotels** bieten einen kostenlosen WLAN-Zugang im Zimmer bzw. in der Lobby. Öffentliche **WLAN-Hotspots** gibt es außerdem in vielen Cafés (s. S. 29) und Treffs sowie Lo-

---

> Die Kunsthistorikerin und Augsburgerin Martha Schad hat sich in zahlreichen Büchern mit der Geschichte der Frauen – vor allem der Augsburgerinnen – befasst, z. B. **Die Frauen des Hauses Fugger** (Piper Verlag, 2009) oder **Mozarts erste Liebe. Das Bäsle Marianne Thekla Mozart** (Wißner-Verlag, 2004).

> Bekannt wurde Martin Kluger vor allem durch seine Fuggerbücher, z. B. **Die Fugger in Augsburg: Kaufherrn, Stifter und Mäzene** (2010), zuletzt wurde der Titel **Historische Wasserwirtschaft und Wasserkunst in Augsburg** (2012) veröffentlicht. Seine Bücher sind im lokalen Context Verlag (www.context-mv.de) erschienen, wo zahlreiche Sachbücher zu verschiedenen Aspekten und Persönlichkeiten der Stadt im Programm stehen.

> Seit 1991 lebt Franz Dobler in Augsburg, dessen Buch **Johnny Cash und die seltsame und schöne Welt der Countrymusik** (Heyne) zu den Klassikern der Popliteratur gehört.

> Der artguide Augsburg (Staden-Verlag, 2008, http://artguide-augsburg.de) ist ein umfangreicher Kunst-, Kultur- und Stadtführer, der auf etwa 260 Seiten Bauten und Plätze der Stadt beschreibt.

> **Augsburger Beiträge zur Archäologie** (Wißner-Verlag). Diese von Lothar Bakker herausgegebene Reihe widmet sich unterschiedlichen archäologischen Aspekten; zuletzt erschien z. B. von Bettina Tremmel „Der Kastellvicus des 1. Jahrhunderts n. Chr. von Augusta Vindelicum/Augsburg" (Band 6) über die Keimzelle der späteren römischen Provinzhauptstadt.

> **Die Augsburger Synagoge – ein Bauwerk und seine Geschichte.** Im Auftrag der Stiftung Jüdisches Kulturmuseum Augsburg-Schwaben von Benigna Schönhagen und Tatjana Neef (2010).

kalen wie McDonald's. Außerdem kann in Einrichtungen wie der Stadtbücherei (s. S. 77), am Hauptbahnhof **32** und vor der City-Galerie auf dem Willy-Brandt-Platz [E5] gesurft werden, ebenso im Apple Store in der City-Galerie.

> http://stadt.cityreview.de/bayern/augsburg (Link „Wlan-Hotspots")
> http://v4.jiwire.com/search-hotspot-locations.htm (in die Suchmaske „Augsburg" eingeben)
> www.hotspot-locations.de (in die Suchmaske „Augsburg" eingeben)

Medizinische Versorgung

188 [E2] **KVB-Bereitschaftspraxis am Vincentinum,** Franziskanergasse 12, Tel. 0821 151510 (keine Voranmeldung, keine Hausbesuche), an Wochenenden 9–21, Mi. 14–21, Fr. 18–22 Uhr, mit Kinder-Notfallpraxis

189 Notaufnahme Zentralklinikum Augsburg, Stenglinstr. 2, Tel. 0821 4002475 oder 4002472

190 [C6] **Ars Dentalis Zahnklinik,** Hermannstr. 15, Tel. 0821 207583 oder 2075850, Mo.–Fr. 7–21, Sa./So. 10–17 Uhr. Zahnärztliche Notfälle.

191 [B5] **Augusta Apotheke,** Bahnhofstr. 29

> **Hofapotheke St. Afra** (s. S. 23)

192 [D4] **Römer Apotheke,** Annastr. 5

> Ärztlicher Bereitschaftsdienst außerhalb der Praxiszeiten: Tel. 01805 191212

Mit Kindern unterwegs

Für Familien gibt es zahlreiche Möglichkeiten, eine unterhaltsame Zeit in Augsburg zu verbringen, z.B. mit einem Besuch der Puppenkiste **25** – Aufführungen und Museum –, im Naturmuseum **12**, im Zoo **37** oder im Botanischen Garten **36** – jeweils mit Spielplatz. Kultur für Kinder bietet das

> **Kindertheater im Kulturhaus Abraxas** (s. S. 35). Junges Theater Augsburg (www.jt-augsburg.de), Fakstheater (www.fakstheater.de) und Klexs Theater (www.klexs-theater.de) sind hier in einem Bau.

Läden für Kinder

193 [E6] **Die Spiegelburg,** Bäckergasse 27, www.felix-shop.de, Mo.–Fr. 10–18, Sa. 10–16 Uhr. „Hoflieferant für kleine Prinzen und Prinzessinnen". Spielwaren von guter Qualität und „Geschenke für Große" sowie Felix-Kinderbekleidung.

194 [D2] **Evi's Puppenklinik,** Frauentorstr. 18, www.puppenklinik-augsburg.de,

060ab Abb.: mb

> *Mit der Miniatureisenbahn durch den Augsburger Zoo* **37**

Mo.–Fr. 10–18, Sa. 10–13 Uhr. Repara-
turen, aber auch Fachgeschäft für Pup-
pen und Teddys, z. B. Sammlerstücke.
🏠**195** [E6] **Kaskaderos**, Bäckergasse 34,
www.kaskaderos.com, Mi./Do. 11–18,
Fr. 11–19, Sa. 10–16 Uhr. Freizeitsport-
laden mit Zubehör zum Jonglieren, Einrä-
der, Municycles, Slackline-Zubehör, Stel-
zen, Frisbees, Skate- und Waveboards,
Spiele u.v. a.
🏠**196** [E6] **Puppenhäusle am Milchberg**,
Afragässchen 9, www.puppenhaeusle.
de, tgl. außer Mi. 10–18, Sa. 10–14
Uhr. Puppenstuben und Zubehör sowie
andere Miniaturnachbildungen.

Notfälle

Verlust und Diebstahl

Bei Verlust der Maestro-(EC-) oder der
Kreditkarte gibt es für Kartensperrun-
gen eine **deutsche Zentralnummer**
(bitte vor der Reise klären, ob die eigene Bank diesem Notrufsystem angeschlossen ist).

In **Österreich** und der **Schweiz** gibt
es keine zentrale Sperrnummer, daher sollten sich Besitzer von in diesen
Ländern ausgestellten Maestro-(EC-)
oder Kreditkarten vor der Abreise bei
ihrem Kreditinstitut über den zustän-
digen Sperrnotruf informieren.

Generell sollte man sich immer die
wichtigsten Daten wie Kartennum-
mer und Ausstellungsdatum separat
notieren, da diese unter Umständen
abgefragt werden.
> **Deutscher Sperrnotruf:** Tel. 116116
> **Weitere Infos:** www.kartensicherheit.de,
> www.sperr-notruf.de

Der Verlust oder Diebstahl des Aus-
weises oder anderer wichtiger Dokumente muss bei der **Polizei** gemeldet
und protokolliert werden.

Notfallnummern

> **Notarzt, Feuerwehr und
> Rettungsdienst:** Tel. 112
> **Polizei:** Tel. 110 (Notruf)
> bzw. Tel. 0821 3230

📞**197** [B4] **Polizeiinspektion Augsburg-
Mitte**, Frölichstr. 2, Tel. 0821 3232110
📞**198** [bg] **Polizeipräsidium Schwaben
Nord**, Gögginger Str. 43, Tel. 0821 3230

Post

Abgesehen von mehreren Verkaufs-
punkten gibt es im Stadtzentrum zwei
Postämter, beide mit Postbank Fi-
nanzcenter. Die **Postgebühren** nach
Österreich bzw. in die Schweiz be-
tragen für eine Postkarte oder einen
Standardbrief 0,75 €.
✉**199** [B5] **Postamt am Hauptbahnhof**,
Halderstr. 29, Mo.–Fr. 8–18.30, Sa.
9–13 Uhr
✉**200** [C4] **Postamt Grottenau**, Grottenau
1, Mo.–Fr. 9–18.30, Sa. 9–13 Uhr

Radfahren

Fahrradverleih

Seit August 2011 stehen in Augsburg an 14 **nextbike-Stationen** 120
Räder bereit. Zentral liegen z. B. die
folgenden:
> **City-Galerie**, Willy-Brandt-Platz [F5]
> **Ernst-Reuter-Platz** [C4],
> Stadtbücherei/Stadtmarkt
> **Stadtwerke**, Hoher Weg 1 [D3]

Eine vorherige **Anmeldung** bei nextbike und einmalige Zahlung von 9 €
(werden als Guthaben verrechnet)

sind nötig. Das kann online (www. nextbike.de), über eine Hotline, an Stationsterminals oder via App erfolgen. Man ist dann in allen next-bike-Städten mobil. Die **Ausleihe** erfolgt dann mittels Anruf (Tel. 030 69205046), am elektronischen Stationsterminal oder via nextbike-App ganzjährig rund um die Uhr. Man muss das Fahrradkennzeichen angeben und kann mit dem mitgeteilten Code das Zahlenschloss öffnen. Bei der **Rückgabe** wird das Rad wieder an einer beliebigen Station angeschlossen (Hotline anrufen oder am Stationsterminal bzw. in der App auf Rückgabe drücken). Der **Normaltarif** beträgt gegenwärtig 1 €/Std. und ab der 5. Stunde gilt der Einheitspreis von 9 €/24 Std.

Radwegenetz

Radeln ist in Augsburgs Innenstadt teilweise wenig empfehlenswert bzw. gefährlich. Vielfach gibt es in der verkehrsreichen Innenstadt (z. B. Schaezler- oder Ludwig- und Karlstr.) keine Radwege, teilweise ist die Planung halbherzig und Radwege enden unvermittelt. Ein **Ausbau des Rad**-**wegenetzes** ist geplant und bis zum Jahr 2020 soll Augsburg eine fahrradfreundliche Kommune sein. So die Theorie …

Nachdem ein langjähriges Übel, der Pferseer Tunnel, kürzlich fahrradtechnisch „entschärft" wurde, ist immer noch das Problem des Parkens von Fahrrädern, besonders am Hauptbahnhof, geblieben.

Bezeichnenderweise ist der „Amtliche Fahrrad-Stadtplan 2002" bislang nicht mehr neu aufgelegt worden, es gibt lediglich von der Regio Augsburg die Broschüre „Radlerlust. Per Fahrrad durch die Region Augsburg" (unter www.augsburg-tourismus.de/ radeln-und-wandern.html herunterladbar). Ausgewiesene **Radwege im Umland**, z. B. der Wertachradweg, sind unter www.eva-augsburg.de beschrieben.

Der **ADFC** (www.adfc-augsburg.de) gibt die ADFC-Regionalkarte „Augsburg und Umgebung" im Maßstab 1 : 75.000 (5. Aufl. 2012, 7,95 €) heraus.

☑ *Die Räder von nextbike kann man auch per App ausleihen*

061ab Abb.: nextbike GmbH

Schwule und Lesben

Augsburg ist nicht eben revolutionär was seine schwul-lesbische (LGBT-) Szene angeht. Es gibt derzeit eine einzige Website (http://augsburg. gay-web.de) und nur wenige richtige Treffs. Bezeichnenderweise hieß im August 2012 die Schlagzeile: „Jetzt erobern Schwule und Lesben das Schaller-Bierzelt auf dem kommenden Herbst-Plärrer". Zelt-Inhaber Dieter Held hatte erstmals einen „**Ross Montag**", einen „Partyabend für Gays, Lesbians & Friends" veranstaltet. Außerdem gibt es seit 1998 einen **Christopher Street Day** (www.csd-augsburg.de).

Ein Treff für Frauen ist:

●**201** [bh] Frauenzentrum Augsburg e. V., Haunstetter Str. 49, Tel. 0821 581100

Cafés, Bars, Klubs

🕖**202** [C3] Fegefeuer, Bar, Lounge, Disco, Ludwigstr. 32, www.fegefeuer-augsburg.de, So.–Do. 20–5, Fr./Sa. 22–5 Uhr. Seit 2003 Augsburgs Kultklub im Theaterviertel mit Gay and Lesbian Disco.

❯ Kantine (s. S. 32), www.musikkantine. de. Indieklub mit Livebühne, alle zwei Monate schwul-lesbisches Partyvergnügen „Lovepop".

❯ Mehrere Cafés-Bistros an der Maximilianstraße ❹, z. B. **Cafe-Bar Centro** (Nr. 35), **Mercur** (Nr. 31) oder **Seven Five** (Nr. 75) sind beliebte Treffs.

Unterkunft

🏠**203** [E3] Altstadt Appartements, Drittes Quergäßchen 1, Tel. 08822 93093, www.servicedapartments.de. Vermietet werden unterschiedlich große Appartements mit voll ausgestatteten Küchen (ab 85 €).

Sicherheit

Augsburg ist für Besucher nicht gefährlicher als jede andere mittelgroße Stadt in Europa. Die üblichen Vorsichtsmaßnahmen im Hinblick auf **Taschendiebe**, v. a. bei Massenaufläufen, Veranstaltungen oder in öffentlichen Verkehrsmitteln, sollten aber natürlich auch hier beachtet werden. Ist man bestohlen worden, muss bei der Polizei Anzeige erstattet werden (s. S. 119).

Mit dem gegenwärtig niedrigsten Stand seit 1999 setzt sich der Rückgang der Gesamtkriminalität in Nordschwaben und damit auch in Augsburg fort. Diebstahlsdelikte mit etwa 30 % den größten Anteil der Straftaten. Im Bereich der **Rauschgiftkriminalität** ist dagegen ein 5 %-iger Anstieg zu beobachten, denn Augsburg steht als einer der Hauptumschlagplätze in Bayern weit oben in der Drogenstatistik.

Sport und Erholung

Möglichkeiten, aktiv Sport zu betreiben, gibt es in Augsburg vor allem im Süden der Stadt, im Siebentischpark bzw. -wald. Dort, wo der Siebentischwald 35 beginnt, befindet sich die **Sportanlage Süd** mit Parkplätzen, Kiosk und Kletterwand/-halle und einem beliebten Lauf-/Walking-Treff. Es gibt markierte Waldlaufstrecken über 3, 5 und 8 km durch idyllische Wald- und Parklandschaft. Ideal für Läufer ist auch der sogenannte Max-Gutmann-Laufpfad (abends Flutlichtbeleuchtung) mit einem Rundkurs von 1,7 km.

🚆**204** [ci] Bezirkssportanlage Süd, Ilsungstr., ab Haunstetter Str., Straßenbahn 2 „Siemens"

O62ab Abb.: mb

Baden

🔴38 [dh] **Kuhsee.** Mit Restaurant am Ostufer, Kiosks, WCs, Bootsverleih. Auen-,
Weitmann-, Ilse- und Mandichosee
schließen sich südlich an den Kuhsee
(entlang dem Lech) an und sind z. B.
leicht mit dem Fahrrad erreichbar.
🟦205 [D3] **Altes Stadtbad,** Leonhards-
berg 15, Tel. 0821 3249779, www.
wellness-cafe-im-alten-stadtbad.de.
Schwimmbad, Sauna, Wellnessange-
bote und nettes Café. Hallenbad von
1902/03 mit zwei, nach Geschlechtern
getrennten Schwimmhallen im Jugend-
stil. In den 1990er-Jahren mustergültige
Renovierung. Besichtigung auf Anfrage
an der Kasse.

Zuschauersport

Der **FC Augsburg** (s. S. 106) mag
zwar die sportlichen Schlagzeilen
bestimmen, doch andere Vereine,
Sportler und Sportarten haben eine
ebenso lange und manchmal sogar
erfolgreichere Tradition in der Sport-
stadt Augsburg. So kann gerade das
Eishockey auf eine lange Geschichte
zurückblicken: 1878 gegründet, ist

der Augsburger Eislaufverein (AEV)
heute der älteste Eissport betreibende Verein Deutschlands und eines
der Gründungsmitglieder der DEL,
der deutschen Profiliga.

Was die beiden Aushängeschilder
des Augsburger Sports, der FCA und
AEV, nicht geschafft haben, darauf
kann der **TV Augsburg** verweisen: Das
Skaterhockey-Team gehört seit Jahren nicht nur zu den besten Teams in
Deutschland, der TVA konnte sogar
2011 und 2012 die Meisterschaft
nach Augsburg holen. Da der Verein
auch im Nachwuchsbereich hervorragend arbeitet und Jahr für Jahr Poka-
le einheimst, blickt man sehr optimis-
tisch in die Zukunft.

Wer regelmäßig die Olympischen
Sommerspiele verfolgt, stößt bei den
Kanu-/Kajakslalom-Wettbewerben
stets auf erfolgreiche Augsburger
„Paddler". Spätestens seit der Eröffnung des **Eiskanals** 🔴39, der weltweit
ersten künstlichen Wildwassersla-
lomstrecke, ist Augsburg eine Hochburg des **Kanu- und Kajakslaloms.**
Zahlreiche Weltmeister und Olympia-
medaillen-Gewinner stammen aus
der Stadt: Zuletzt holten **Sideris Tasi-**

adis (Canadier Einer), ein Augsburger mit griechischen Wurzeln, der derzeit als eines der größten Talente im Kanusport gilt, bei den Sommerspielen 2012 in London die Silber-, und **Hannes Aigner** (Einer-Kajak) die Bronze-Medaille. Andere erfolgreiche Augsburger Kanuten waren z.B. Elisabeth Micheler-Jones, Oliver Fix, Alexander Grimm, Dennis Söter oder Thomas Schmidt.

Die lange Präsenz der US Army in Augsburg hat auch sportlich Spuren hinterlassen, z.B. konnten einst lokale **Basketballvereine** wie Schwaben Augsburg auf „lokale" US-Boys wie den legendären Don Gray bauen. Heute bietet der BG Leitershofen/Stadtbergen Profibasketball in der 2. Liga (Pro B), nachdem er sogar ein Jahr in Pro A zugebracht hat. Auch so typische US-Sportarten wie **Baseball** (Augsburg Gators – www.augsburg-gators.de), **Softball** (Frauen, Augsburg Dirty Slugs – www.dirtyslugs.de) und **American Football** werden betrieben. Im American Football gibt es sogar drei lokale Teams, wobei die **Königsbrunn ANTS** (www.koenigsbrunn-ants.de) mit 30 Jahren Existenz nicht nur einer der ältesten deutschen Vereine sind, sondern auch zu den Topteams in Bayern gehören und 1989 sogar erstklassig waren.

Vor nicht allzu langer Zeit galt Augsburg auch als **Frauenvolleyball-Hochburg.** In den 1980er-Jahren gehörte die **TG Viktoria** unter Trainer Peter Götz zu den deutschen Topteams und gewann 1985 neben der Meisterschaft auch den DVV-Pokal und den CEV-Cup (Europapokal). Ende der 1990er-Jahre waren es die Volleyballerinnen des **DJK Augsburg-Hochzoll,** die erneut Spitzensport boten. Zeitweise ausgegliedert als „VC Harlekin Augsburg" und dann als „SV Augs-

burg", verlief der Weg von der Volleyball-Bundesliga als „DJK" wieder in die Regionalliga und nun hofft man auf baldige Rückkehr in die 2. Liga.

> **Augsburg Panther** (AEV – Eishockey) – www.aev-panther.de
> **FC Augsburg** (Fußball) – www.fcaugsburg.de
> **TV Augsburg** (Skaterhockey) – www.tva-skaterhockey.de
> **Topstar Kangaroos BG Leitershofen/ Stadtbergen** (Basketball) – www.topstar-kangaroos.de
> **DJK Augsburg-Hochzoll** (Volleyball) – www.djk-augsburg-hochzoll.de/volleyball

063ab Abb.: mb

◁ *Augsburgs beliebtester Badeweiher: der Kuhsee* **38**

⌂ *Randsportart für starke Männer: American Football der Königsbrunn Ants*

An größeren Sportveranstaltungen gibt es den **Friedensmarathon.**

〉 **Augsburger Friedensmarathon,** www.friedensmarathon-augsburg.de. In derzeit unregelmäßigem Tournus am Sonntag vor dem Augsburger Friedensfest (8. Aug.) finden Marathon, Halbmarathon und Volkslauf (5/10 km) statt.

🔞 [B3] **Curt-Frenzel-Stadion.** Neu renoviertes Eisstadion (Eröffnung 1938) der DEL-Mannschaft Augsburg Panther, Fassungsvermögen ca. 6750 Zuschauer, davon etwa 2350 Sitzplätze.

㊷ **SGL Arena.** 2009 eröffnetes Fußballstadion des FC Augsburg (30.660 Zuschauer). Zu Spielen eigene Straßenbahnlinie ab Hbf. bzw. Kö (Fahrt im Ticket enthalten).

Stadttouren

Motorisierte Touren

〉 **2000 Jahre Augsburg in 2 Stunden,** Anf. Apr.–Anf. Nov. Fr. 15, Sa./So. 10.30 Uhr, 10 €, Infos: Tel. 0821 2628880. Zweistündige Rundfahrt ab Rathaus mit Kurhaustheater, Fuggerei, Schaezlerpalais.

〉 **Mit dem Taxi durch Augsburg,** individuelle Taxi-Stadtrundfahrt mit orts- und geschichtskundigem Chauffeur. 1 Std. 29 € (max. 4 Fahrgäste) ab Rathaus nach Buchung unter Tel. 0821 5020733.

Touren zu Fuß

〉 **Auf den Spuren der Fugger,** Anf. Apr.–Anf. Nov. tgl. 14 Uhr, Nov.–März Sa./So. 14 Uhr, zweistündiger Spaziergang ab Tourist-Info (s. S. 114), Rathausplatz, 8 €.

〉 **www.stadtfuehrungen-augsburg.com:** Außer traditionellen Stadtrundgängen ist eine Vielzahl an Spezialtouren im Angebot. Eine Anmeldung unter Tel. 0821

5020724 ist erforderlich, da die Führungen nur zu bestimmten Terminen stattfinden. In erster Linie für Gruppen, Infos auf der Website.

〉 www.augsburg-tourismus.de/rundgaenge.html: Rundgänge durch die Stadt, 8 €, ab Tourist-Info (s. S. 114).

Theatrale Stadtführungen

Florian Kreis gibt „theatrale Stadtführungen", bei denen er in die Rolle eines großen Augsburgers schlüpft und als solcher mit seinem Publikum interagiert. Er bietet die beliebte „Brecht live!"-Tour an, repräsentiert Jakob Fugger „höchstpersönlich" und tritt in „Martin Luther, Melanchton und die Confessio Augustana" auf. Der Augsburger ist ausgebildeter Theatertherapeut, freiberuflicher Schauspieler und als Seminar- bzw. Workshopleiter tätig. Anfang 2009 gründete er „Theater im Leben", eine Plattform für besondere Theaterprojekte, Selbsterfahrung und künstlerische Projekte. In Zusammenarbeit mit der Regio Augsburg Tourismus GmbH arrangierte Kreis zunächst interaktive Stadtführungen zum Thema Bertolt Brecht, weitere Themen folgten.

〉 Florian Kreis, Buchung: Tel. 0821 5020733, www.theater-im-leben.de (Link zu Terminen)

Spezialtouren

〉 **Sightrunning in Augsburg,** LaufKultTour, www.laufkulttour.de, Tel. 0821 9988009. Auf verschiedenen Routen im Laufschritt Augsburgs Sehenswürdigkeiten entdecken. Je nach Läuferzahl ab 20 € (nur auf Anm.).

〉 **Erlebnis Segway,** Dominikanergasse 18, Tel. 0821 50873506, www.seg-tour-augsburg.de. Bequeme Stadtführung

mit dem Segway, mind. drei Touren tgl., 75 €.
> **Rikscha-Fahrten,** Einzelfahrt oder Stadtrundfahrt, ab 20 €/2 Pers. Infos und Buchung: Rikscha-Service, Tel. 0160 92414651, www.rikscha-augsburg.de.
> Die Stiftung **Mein Augsburg** unterstützt Projekte verschiedener Art und veranstaltet auch Spezialführungen (siehe www.meinaugsburg.de, „Projekte + Termine").

Unterkunft

Es gibt in Augsburg Unterkünfte aller Kategorien, wobei es für einen Kurzaufenthalt am empfehlenswertesten ist, eine Unterkunft in Innenstadtnähe zu wählen bzw. eine, die günstig an einer Trambahnhaltestelle liegt.

Buchungsservice/ Zimmervermittlung

Unterkünfte können über **Regio Augsburg Tourismus** (Tel. 0821 5020731, www.augsburg-tourismus.de/hotels-ferienwohnungen-und-privatzimmer-buchen.html, mit herunterladbarer Hotelbroschüre) gebucht werden. Direkt vor Ort vermittelt die **Tourist-Info am Rathausplatz** (s. S. 114) Zimmer, ansonsten sind evtl. auch folgende Websites hilfreich:

Preiskategorien

Die Preiskategorien beziehen sich auf den Preis für eine Nacht im Doppelzimmer (sofern nicht anders angegeben mit Frühstück).

€	unter 60 €
€€	60–110 €
€€€	über 110 €

> www.unterkuenfte-augsburg.de
> www.deutsche-pensionen.de/pension-augsburg/verzeichnis-lage.html (Privatzimmer und Ferienwohnungen)

Pauschalangebote sind ebenfalls im Angebot, z. B. drei Tage/2 Übernachtungen mit thematisch unterschiedlichen Stadtführungen, z. T. mit Essen oder Eintrittstickets. Infos dazu:
> www.augsburg-tourismus.de/pauschalangebote.html

Unterkunftsempfehlungen

Preiswerte Kategorie

206 Augsburger Parkhotel €–€€, Bismarckstr. 56, Stadtbergen (Straßenbahnlinie 3 „Stadtberger Hof"), Tel. 0821 243990, http://augsburger-parkhotel.eu. Ordentliche, preiswerte Standardzimmer, im Haus gibt es ein italienisches Restaurant.

207 [ch] B&B Hotel Augsburg €€, Haunstetter Str. 68, nahe Messegelände/Uni (Straßenbahnlinie 2 „Berufsschule"), Tel. 0821 498120, www.hotelbb.de/de/augsburg. Neues Haus mit insgesamt 100 Zimmern, DZ und Familienzimmer, auch für Raucher, kostenloses WLAN und Gratis-Parken. Frühstücksbuffet kostet extra.

208 [E4] Hotel Jakoberhof €–€€, Jakober Str. 41 (Straßenbahnlinie 1, „Fuggerei"), Tel. 0821 510030, www.jakoberhof.de. DZ mit oder ohne eigenem Bad/WC. Nahe Fuggerei, an belebter Straße. Zimmer eher einfach, aber sehr preiswert, inkl. Frühstücksbuffet. Im Haus befindet sich ein Restaurant.

209 [B5] ibis Augsburg Hauptbahnhof €–€€, Halderstr. 25, Tel. 0821 50160, www.ibis.com/de/hotel-1438-ibis-augsburg-hauptbahnhof/index.shtml. 132 Zimmer nahe Hbf., zweckmäßig eingerichtete, eher klein. Frühstück kostet extra, mit Bar.

🏨 **210** [af] **ibis budget Augsburg City** €-€€, Holzbachstr. 2a, Tel. 0821 90898870, www.ibis.com/de/hotel-7032-ibis-budget-augsburg-city-ex-etap-hotel/index.shtml. 99 funktional-schlichte, preiswerte Zimmer in einem Neubau an einer belebten Straße, aber stadtnah (zu Fuß zum Hbf. ca. 15 Min.), WLAN kostenlos, Frühstücksbuffet extra, Etagenbett für ein Kind unter 12 J. vorhanden.

🏨 **211** [C6] **ibis Königsplatz** €-€€, Hermanstr. 25, Tel. 0821 50310, www.ibis.com/de/hotel-1092-ibis-augsburg-koenigsplatz/index.shtml. Ähnlich wie ibis Augsburg Hauptbahnhof und ebenfalls günstig gelegen.

🏨 **212** [B7] **Stadthotel in Augsburg** €€, Gögginger Str. 39 (Straßenbahnlinie 3 „Kongresshalle"), Tel. 0821 578077, www.stadthotel-in-augsburg.de. Neu renoviert, mit nicht allzu großen und luxuriösen, aber günstigen Zimmern und relativ stadtnah.

Mittelklassehotels

🏨 **213** [D5] **Altstadthotel Augsburg** €€€, Kapuzinergasse 6, Tel. 0821 59747370, www.altstadthotelaugsburg.de. Günstige DZ, Frühstücksbuffet extra. 33 gemütlich eingerichtete Zimmer in historischem Patrizierhaus.

🏨 **214 Art Hotel ANA** €€, Bürgermeister-Widmeier-Str. 54–56, Tel. 0821 80770, www.arthotel-ana.de. Designerhotel mit 41 komfortablen, schick designten Zimmern und Suiten, kostenloses WLAN. Restaurant, Dachterrasse mit Cocktaillounge, Fitnessraum. Nur für Autofahrer, da im Stadtteil Haunstetten gelegen.

🏨 **215** [D6] **Haus Sankt Ulrich** €€, Kappelberg 1, Tel. 0821 31520, www.haus-st-ulrich.de. In erster Linie Tagungshotel in einer kirchlichen Behinderteneinrichtung in ruhiger Altstadtlage (hinter St. Ulrich). Schlicht-moderne Zimmer inkl. Frühstücksbuffet und mit Lounge, Bierstüble und Swimmingpool.

🏨 **216** [B4] **Hotel am Alten Park** €€-€€€, Frölichstr. 17, 0821450510, www.hotel-am-alten-park.de. Eingebettet in einem alten Park, der u. a. Diakonissen-Mutterhaus, Kapelle, Krankenhaus, Ärztehaus und Restaurant umfasst und mitten im Herzen der Stadt liegt. Kostenloses WLAN, Gästebibliothek und Dachterrasse. 54 komfortable Zimmer mit Sitzecken, auch Familienzimmer und vier Apartments/Studios – ein guter Tipp für ein Übernachtunge in Augsburg!

🏨 **217** [D4] **Hotel am Rathaus** €€-€€€, Am Hinteren Perlachberg 1, Tel. 0821 346490, www.hotel-am-rathaus-augsburg.de. Kleines, feines Stadthotel in Innenstadtlage mit hauseigener Tiefgarage und 31 schön ausgestatteten Zimmern, Aufenthaltsraum und Bar.

🏨 **218** [D2] **Hotel Fischertor** €€, Pfärrle 16/18, Tel. 0821 345830, www.hotel-fischertor.de. Ruhig im Augsburger Domviertel gelegenes Hotel mit 20 günstigen, ordentlichen Zimmern, Frühstück inbegriffen. Zugehöriges Restaurant (schwäbisch-bayer. Spezialitäten) und naher Biergarten Lug ins Land (s. S. 27).

🏨 **219** [ah] **Hotel Villa Arborea** €€, Gögginger Str. 124 (Straßenbahnlinie 1 „Maria Stern"), Tel. 0821 907390, www.hotel-villa-arborea.de. Historische Villa einer stadtbekannten Baderfamilie und umgeben von herrlichem Park. Familiäres Ambiente, 10 EZ/8 DZ, modern ausgestattet und mit kostenlosem WLAN, Familienzimmer und Juniorsuite. Sonnenterrasse, Garten und Wellnessbereich.

🏨 **220** [ah] **Stiermann's TERRATEL Hotel Garni** €€, Nanette-Streicher-Str. 4 D, (Straßenbahnlinie 1, „Bergstraße"), Tel. 0821 906040, www.hotel-terratel.de. Kleines Stadtteilhotel mit 24 unterschiedlich großen und verschieden möblierten Zimmern (davon 7 DZ), gut ausgestattet, inkl. Frühstück, Hallenbad.

064ab Abb.: mb

Gehobene Kategorie

🏨 **221** [C5] **City Hotel – Ost am Kö** €€€, Fuggerstr. 4–6, Tel. 0821 502040, www.ostamkoe.de. Hotel in zentraler Lage am Kö. 49 freundliche, gut ausgestattete Zimmer in verschiedenen Kategorien (inkl. Frühstücksbuffet), Sauna, kleine Hotelbar. Zimmer mit Schallschutzfenstern ausgestattet, überwiegend zur ruhigen Hofseite.

🏨 **222** [D2] **Dom Hotel Augsburg** €€–€€€, Frauentorstr. 8, Tel. 0821 343930, www.domhotel-augsburg.de. Familiäres Altstadthotel mit unterschiedlich großen Zimmern verschiedener Kategorien, besonders schön sind jene mit Loggien und Ausblick. Kostenlose Parkplätze vor dem Haus, kostenloses WLAN.

🏨 **223** [B7] **Dorint an der Kongresshalle Augsburg** €€€, Imhofstr. 12, Tel. 0821 59740, www.dorint.com/augsburg. Im einzigen Hochhaus von Augsburg, im Wittelsbacher Park, werden knapp 200 moderne Zimmer in verschiedenen Kategorien vermietet. Die besseren liegen in den oberen Etagen und verfügen über einen Balkon. Zugehöriges Restaurant, Bar und Spa-/Wellness-Bereich.

🏨 **224** [C3] **Hotel Augusta** €€–€€€, Ludwigstr. 2 (Eingang: Kesselmarkt), Tel. 0821 50140, www.hotelaugusta.de. Gegenüber der Fußgängerzone gelegen, über 100 Zimmer verschiedener Kategorien, nach hinten ruhiger, inklusive Frühstücksbuffet. Bar und Fitnessraum zugehörig, auch günstige Arrangements.

🏨 **225** [C2] **Romantikhotel Augsburger Hof** €€€, Auf dem Kreuz 2, Tel. 0821 343050, www.augsburger-hof.de. Hotel in guter Altstadtlage (nahe Dom) mit im rustikalen Landhausstil eingerichteten Zimmern. Inklusive Frühstücksbuffet, auch Arrangements. Zugehörig ist ein Restaurant mit lokaler Küche (s. S. 23), außerdem Meder's Bar & Café.

⌂ *Das Romantikhotel Augsburger Hof liegt schön im Domviertel*

Bed & Breakfast und Apartments

☎ **227** [E4] **Altstadt Apartment** €€, Mittlerer Lech 36, Tel. 08234 420720, www.altstadt-charme.de. 60m²-Wohnung im Herzen der Altstadt, nahe dem Rathaus, in historischem Gebäude. Für 2 bis 4 Personen (2 Zimmer, Küche, Bad).

☎ **228** [E4] **Ferienwohnungen** €€, Oberer Graben 9, Tel. 0821 36004, www.fewo-altstadtflair-augsburg.de. Insgesamt drei gut ausgestattete Altstadtwohnungen verschiedener Größe in zentraler Lage: „Altstadtflair", „Am Graben" und „Domblick" (www.fewo-gaestewohnung-domblick.de, kleiner und preiswerter), Preise je nach Saison und Größe, Rabatt bei längerem Aufenthalt.

☎ **229** [C2] **Pension Herrenhäuser** €, Georgenstr. 6, Tel. 0821 3463173, www.pensionherrenhaeuser.online.de. Nette Familienpension in historischem Altstadthaus nahe Dom. 4 Zimmer, davon 3 DZ, inkl. reichlichem Frühstück, Bad/Dusche, WC, Telefon und TV.

Jugendherberge und Hostel

☎ **230** [E3] **Living Cube**, Jugendherberge Augsburg, Unterer Graben 6 Tel. 0821 7808890, www.augsburg-jugendher

EXTRATIPP

Das beste Haus am Platz

Das **Steigenberger Drei Mohren** ist eines der traditionsreichsten Hotels Deutschlands und Augsburgs Aushängeschild an der städtischen Prachtmeile, der Maximilianstraße. Hier standen schon illustre Namen wie Casanova, Mozart, Goethe, Thomas Mann, Richard Wagner oder Franklin D. Roosevelt auf der Gästeliste. Die Wurzeln reichen auf ein Wirtshaus von 1344 zurück, in dem seit 1495 Übernachtungsgäste aufgenommen wurden. Ständig erweitert, erwarben 1575 die Fugger das Gasthaus, verkauften es 1722 nach einem Brand und die neuen Besitzer ließen ein neues Hotel namens „Zu den drei Mohren" errichten. Im Laufe des 19. Jh. mauserte sich dieses unter Hotelier Johann Georg Deuringer zum Mittelpunkt des gesellschaftlichen Lebens der Stadt. Im Bombenhagel des Zweiten Weltkriegs im Februar 1944 zerstört, wurde das Hotel 1956 wiedereröffnet und gilt seither als erstes Haus am Platz. 2011/12 fanden umfangreiche Umbau- und Modernisierungsmaßnahmen statt, im März 2012 öffnete dann das 4-Sterne-Superior-Haus im Besitz der Drei Mohren AG Augsburg wieder seine Türen. Entstanden ist ein elegant modernes Hotel mit 131 Zimmern und Suiten unterschiedlicher Typen und Kunstwerken aus der hochkarätigen hauseigenen Sammlung.

☎ **226** [D5] **Steigenberger Drei Mohren** €€€, Maximilianstr. 40, Tel. 0821 50360, www.steigenberger.com/Augsburg. Auch Special Packages, v. a. an Wochenenden günstig.

❯ **Restaurant Maximilian's** (s. S. 24) mit Showküche und großem Weinsortiment sowie direktem Zugang zum Weinkeller. Saisonale und regional wechselnde Gerichte, auch im Tapas-Format.

❯ **Bar 3 M,** geöffnet ab 10 Uhr, Fr. ab 21 Uhr Livejazz. Kaffee- oder Tee-Spezialitäten, Aperitifs, Cocktails, heimische Brände und Alkoholfreies, dazu kleine Speisen von der Etagere. Zugang von der Maxstraße.

❯ **Restaurant Sartory,** Di.–Sa. 18–22.30 Uhr, Reservierung nötig (Tel. 0821 50360). Regionale Küche im exklusiven, kleinen Rahmen.

❯ **Day Spa „Relax Max",** Tel. 0821 5036602, www.steigenberger.com/ Augsburg/spas. Wellnessbereich auf 360 m² im orientalischen Stil. Eigener Eingang, auch für Tagesgäste.

berge.de. 178 Betten in 62 Zimmern, davon 35 DZ, großteils mit eigenen Bädern. Lobby mit Bar und WLAN-Nutzung, Speiseraum, Aufenthalts- und Leseraum mit Kinderspielecke, Partyzimmer. Ab 20 €/Pers. mit Frühstück. Günstig in Altstadtnähe (Straßenbahnlinie 1 bis „Barfüßerbrücke", von dort 5 Min. zu Fuß). Auch Gästehaus mit Balkonzimmern (DZ inkl. Frühstück).

🚋 **231** [D3] **Übernacht Hostel** €, Karlstr. 4, Tel. 08 2145542828, www.ueber nacht-hostel.de. Relativ neues Hostel in der Innenstadt, kein Frühstück, aber Gemeinschaftsküche und WLAN. Zwei- und Mehrbettzimmer sowie Apartments.

Verkehrsmittel

Dem **AVV (Augsburger Verkehrs- und Tarifverbund)** sind alle öffentlichen Verkehrsmittel (AVV-Regionalbusse, Regionalzüge, Stadtbusse und Straßenbahnen) angeschlossen. Maßgebliches Verkehrsmittel in der Innenstadt sind die Straßenbahnen („Trambahn").

Verkehrstechnisch herrscht in Augsburg derzeit **Chaos,** da der Hauptknotenpunkt des öffentlichen Nahverkehrs, der Königsplatz, noch bis voraussichtlich Ende 2013 und der Bahnhof bis 2019 in großem Stil umgebaut werden. Drei der sechs Straßenbahnlinien verkehren derzeit nicht oder nur abschnittsweise, sind zusammengefasst bzw. durch Busse ersetzt. Selbst Einheimische werden konstant überrascht, irren auf der Suche nach verlegten Haltstellen herum oder fluchen über überfüllte Busse. Daher ist es bis zum Abschluss der Bauarbeiten wichtig, die aktuellen Fahrpläne zu checken.

> **Infos:** www.avv-augsburg.de. Weitere Infos gibt es auch im Kundencenter am Königsplatz (s. S. 115).
> **Knotenpunkte:** www.avv-augsburg.de/ linien-plaene/knotenpunkte
> **Pläne:** www.avv-augsburg.de/ linien-plaene/verkehrsnetz

☑ *Außer fünf Tramlinien gibt es in Augsburg ein ausgedehntes Busnetz*

065ab Abb.: mb

Tarifzonen und Preise

Der Fahrpreis ist nach Zonen gestaffelt und richtet sich danach, wie viele aneinander grenzende Zonen berührt werden. Deren Zahl entspricht der Preisstufe (1 bis 12).

> **Tarifzonen Innenstadt:** www.avv-augsburg.de/linien-plaene/tarifzonen
> **Linien:** www.avv-augsburg.de/linien-plaene/linien

Eine **Innenstadt-Einzelfahrt** (Preisstufe 1, Zonen 10/20) kostet 1,30 € (Stand Frühjahr 2013), mit Streifenkarte 1,08 €. Kinder bis 14 J. zahlen 0,80 €. Eine **Streifenkarte** (9 Streifen) ist für 9,70 € zu haben, wobei in der Innenstadt jeweils ein Streifen pro Fahrt abgestempelt werden muss (Automaten an Haltestellen oder in Bussen/Bahnen).

Eine **Tageskarte** im Innenstadtbereich kostet für eine Familie 7,40 bzw. 5,80 € in der Single-Version. Das **AVV-Hotelticket** gibt es in Hotels bzw. in der Tourist-Information (s. S. 114). Damit können Übernachtungsgäste zum Preis von nur 6,40 € zwei Tage lang beliebig oft in der gesamten Innenstadt fahren (Zonen 10/20), dazu gibt es andere Vergünstigungen. Auch im **Bayern Ticket** der Deutschen Bahn ist der städtische Nahverkehr in Augsburg eingeschlossen.

Wetter und Reisezeit

Augsburg liegt im **Voralpenraum** und bei Fön sind die Alpen gut zu sehen. Immerhin sind es nur etwa 100 km zum Alpennordrand und diese Nähe bestimmt das Klima. So sind die **Winter** im Allgemeinen kalt, doch nicht mit allzu viel Schnee verbunden, die **Sommer** warm und mit reichlich Regen. Eine das Gemüt der Augsburger beeinflussende klimatische Besonderheit ist der **Fön**, ein in Alpennähe typischer Südwind, der für Kopfweh und schlechte Laune verantwortlich gemacht wird.

Reisende sollten zwar auch im Hochsommer Regenschirm oder -jacke dabei haben und sich im Winter warm anziehen, doch gerade wegen der meist fehlenden Extreme ist Augsburg ein empfehlenswertes **Ganzjahresreiseziel**.

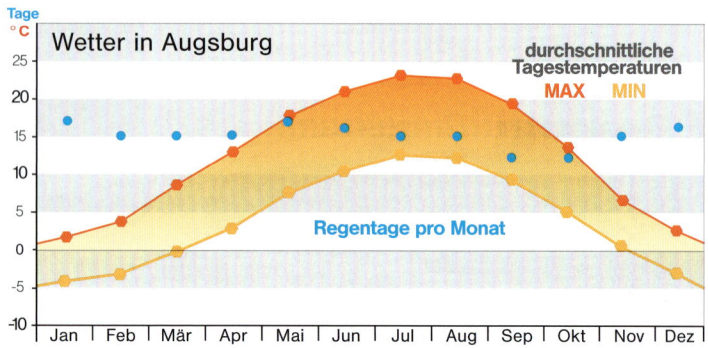

Anhang

066ab Abb.: mb

Register

Register

Die Autoren

Margit Brinke und **Peter Kränzle** sind in bzw. nahe Augsburg geboren, promovierten als Klassische Archäologen an der Augsburger Universität und sind seit 1995 als Journalisten und Buchautoren selbstständig tätig. Seither konnten sie sich durch rund 80 Publikationen bei verschiedenen Buchverlagen und durch regelmäßige Mitarbeit bei verschiedenen Zeitungen und Magazinen sowie Websites einen Namen im Reise-, Sport- und Kulturjournalismus mit Schwerpunkt USA machen. Im REISE KNOW-HOW Verlag liegen bereits die CityGuides „New York", „San Francisco" und „Chicago", der Reiseführer „Kreta" sowie die CityTrips „Athen", „Basel", „Genf", „Los Angeles", „New Orleans", „New York", „Salzburg" und „Toronto" und demnächst „Las Vegas" vor.

Der neue Augsburg-Band war für die Autoren nach Jahren der Recherche in weiter Ferne endlich ein „Heimspiel". Als waschechte „Augschburger" glaubten sie, die Stadt und ihre Bewohner – mit all ihren Stärken und Schwächen – zu kennen, mussten allerdings im Laufe der Recherchen feststellen, dass es noch viel dazuzulernen und Neues zu entdecken gab.

Schreiben Sie uns

Dieser CityTrip-Band ist gespickt mit Adressen, Preisen, Tipps und Infos. Nur vor Ort kann überprüft werden, was noch stimmt, was sich verändert hat, ob Preise gestiegen oder gefallen sind, ob ein Hotel, ein Restaurant immer noch empfehlenswert ist oder nicht mehr usw. Unsere Autoren sind zwar stetig unterwegs und erstellen alle zwei Jahre eine komplette Aktualisierung, aber auf die Mithilfe von Reisenden können sie nicht verzichten.

Darum: Schreiben Sie uns, was sich geändert hat, was besser sein könnte, was gestrichen bzw. ergänzt werden soll. Wenn sich die Infos direkt auf das Buch beziehen, würde die Seitenangabe uns die Arbeit sehr erleichtern. Gut verwertbare Informationen belohnt der Verlag mit einem Sprechführer Ihrer Wahl aus der über 220 Bände umfassenden Reihe „Kauderwelsch".

Bitte schreiben Sie an:
REISE KNOW-HOW Verlag Peter Rump GmbH, Postfach 140666, D-33626 Bielefeld, oder per E-Mail an: info@reise-know-how.de

Danke!

Liste der Karteneinträge

Liste der Karteneinträge

Liste der Karteneinträge

> Hier nicht aufgeführte Nummern
> liegen außerhalb der abgebildeten Kar-
> ten. Ihre Lage kann aber wie bei allen
> Ortsmarken im Buch mithilfe unserer
> Kartenansichten unter Google Maps™
> gefunden werden (s. S. 143).